NINA
ANIKA
KLOTZ

99 ✕

CRAFT BEER

HOPFEN
HELDEN
DAS CRAFT BEER MAGAZIN

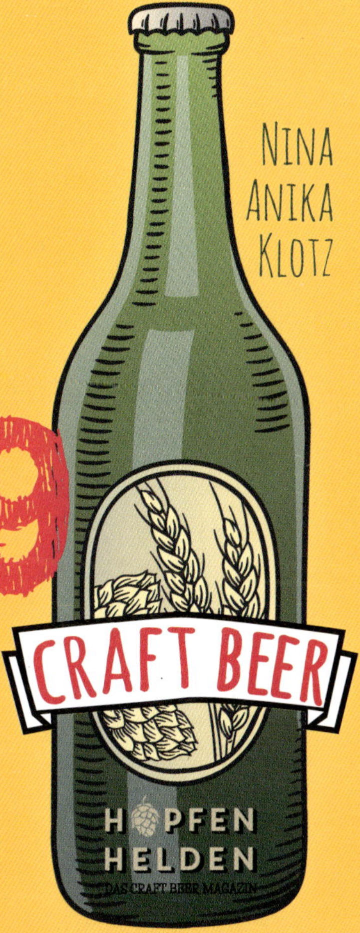

CHRISTIAN

Inhalt

Vorwort

»Ein Bier, bitte« ist ein wunderschöner Satz. Er klingt nach Männerfreundschaft und coolen Mädels. Mit ihm fangen gute Abende an und hören die besten Nächste auf. Allein: Dieser Satz ist von gestern. – Wer heute ein gutes Bier will, der muss konkreter werden: Pale Ale? Stout? Porter? Soll's sauer schmecken? Lieber malzig? Hopfenbetont? Sie nennen das die Craft Beer Revolution: Das homogene Gut Bier (Bier wie Milch, wie Wasser, wie immer gleich) wird vielfältig. – Ja, war es das in Deutschland nicht immer, könnte man fragen. Deutschland, Bundesbierrepublik, tausend Brauereien! Stimmt: Tausend Brauereien. Aber neben Pils, Helles, Weizen nur eine Handvoll Biersorten (von ca. 120 weltweit!).

Seit fünf Jahren wagen sich nun Brauer an die übrigen Hundert. Manche haben ihr Handwerk gelernt, manche sind Quereinsteiger, alle eine Bereicherung. Je mehr Craft Beer es in Deutschland gibt, desto drängender stellt sich die Frage: Welches soll ich trinken? Erstens, kippt auch der tapferste Stammtischbruder nach dem x-ten Glas unter den Tisch und zweitens ist eine wesentliche Philosophie hinter Craft Beer: *Trink weniger, trink besser.*

Dieses Buch soll eine kleine Hilfestellung sein. Ein paar Tipps, welche Biere sich lohnen. Es sind nicht einfach meine 99 Lieblingsbiere. Die Idee eines absoluten »Lieblingsbiers« macht wenig Sinn: Es gibt nur Biere, die in bestimmten Situationen erste Wahl sind. – Bei diesen *99 Bieren* sind welche für denjenigen dabei, der gerade erst über den Pilsglasrand hinwegschaut und »dieses Craft« probieren will, genauso wie für den, der schon den *craziest shit* getrunken hat. Vor allem aber sind diese *99 Biere* Werke herausragender Craft-Brauer, deren Geschichten wir auf Hopfenhelden, dem Craft-Beer-Onlinemagazin, genauso erzählen wie in diesem Buch. Mir war es wichtig, dass die Brauer selbst Wort kommen. Was haben sie sich bei diesem Bier gedacht? Mir schien das spannender als nur meine fünf Cent.

Viel Spaß beim Lesen, Bierfreund! Und nicht vergessen: Theorie ist trocken. Trink ein Glas Bier zur Lektüre. Aber ein gutes.

Nina Anika Klotz
Autorin & Herausgeberin von Hopfenhelden

Pale Ale

Wenn von Pale Ale die Rede ist, geht es meistens um American Pale Ales, die moderne, hopfenbetonte Variante des obergärigen Bierstils, der schon vor 300 Jahren in England gebraut wurde. Strohgelb bis bernsteinfarben, mit 4,5 bis 6 % Vol. Alkohol und viel Platz für geschmackliche Kreativität (mal süßlicher Malzkörper, mal Hopfenaromen von harzig bis tropenfruchtig) ist das Pale Ale das Go-To-Beer vieler Craft Brauer. Gutes Untertags-Bier, friedlicher Essensbegleiter. Prototyp ist das Sierra Nevada Pale Ale, als eines der ersten mit Cascade Hopfen gebraut, der den Geschmack vieler Pale Ales prägt (Grapefruit!).

01 Citra Ale – das erste deutsche Craft Beer (vielleicht)

Als Thomas Wachno vor etwa zehn Jahren vom »Hopfenstopfen« liest, probiert er das einfach einmal aus. Dass damals schon in den USA tausende Craft Brauer nichts anderes taten, ahnte er nicht. Ganz ohne jeden US-Einfluss schuf er in der badischen Provinz ein hervorragendes American Pale Ale.

Es ist ein bisschen wie mit der Entdeckung Amerikas: Es ist ein bisschen wie mit der Entdeckung Amerikas: Wer war's wirklich? Kolumbus wähnte sich bei seiner Landung auf den Bahamas in Indien. John Cabot glaube, er sei in China. Erst Amerigo Vespucci spricht von einer »Neuen Welt«. Und eigentlich waren die Wikinger lange vor allen anderen da. Irgendwie so war das auch mit Craft Beer in Deutschland. Wer genau damit angefangen hat, ist unmöglich auszumachen. Oder doch? Thomas Wachno aus Bad Rappenau in Baden-Württemberg sagt, er habe Craft Beer erfunden. Aus Versehen. Er sagt das natürlich im Spaß, ein so netter und bescheidener Mann wie Wachno würde sich niemals anmaßen, ernsthaft so etwas zu behaupten. Aber ein bisschen was Wahres ist schon dran. Immerhin braute der Braumeister der Häffner Brauerei um 2008 herum als einer der ersten Biere, die er »stopfte«, also im Gär- und Lagertank nochmal hopfte. Zunächst macht er das nur so für sich, am Ostersamstag 2011 aber bringt er, unterstützt von seinen Chefinnen, den Eigentümerinnen der Brauerei, ein solches hopfengestopftes, obergäriges Bier auch auf den Markt, das *Citra Ale*. Bis heute gehört das zu den besten deutschen Pale Ales: Citra als einziger Hopfen macht es zitronenfrisch und fruchtig, es ist schlank und bei all den überkomplexen Hopfenmonstern da draußen erfrischend zugänglich und verständlich. Der eine Hopfen, der hier verwendet wurde, kann sich und sein Aroma ungehindert entfalten. Sofort ist klar: Hier geht's um Grapefruit und Limette. In perfekter Balance mit dem geradlinigen Malzkörper. »Und: Nein, da ist keine Limo drin«, sagt Wachno und lacht.

Citra Ale · American Pale Ale, 5,1 % Vol. · Häffner Bräu GmbH · Salinenstraße 24 · 74906 Bad Rappenau · Tel. (0 72 64) 80 50 · www.brauerei-haeffner.de · Info@Hopfenstopfer.de

Braumeister Thomas Wachno aus Bad Rappenau ist mit seinem
Citra Ale ein großer Wurf gelungen.

02

Berliner Berg Pale Ale –
A classic. Aber echt!

Mit diesem Bier bricht Berliner Berg Braumeister Richie Hodges eine Lanze für das Pale Ale. Das sei in den letzten Jahren von seiner großen Schwester, dem IPA, verdrängt worden. Viele US-Brauereien hätten ihr Pale Ale aus dem Programm genommen und mit einem zweiten IPA ersetzt. »Und die, die es behalten haben, überhopfen es total«, sagt Hodges. Er braut nun ein Pale Ale, das so schmeckt, wie American Pale Ales vor 20 Jahren geschmeckt haben: gut hopfig, aber ausbalanciert, Grapefruit-bitter gegen Malz-süß. »Drinkability steht im Vordergrund«, sagt er. »Deshalb kann man nach unserem Pale Ale auch noch eins trinken. Und noch eins und noch eins.«

Berliner Berg Pale Ale · American Pale Ale, 5.5 % Vol. · Berliner Berg Brauerei · Kopfstraße 59 · 12053 Berlin Neukölln · Tel. (0 30) 64 43 59 06 · www.berlinerberg.com · info@berlinerberg.de

Hier zapft der Brauer: Richie Hodges im »Bergschloss«, dem Schankraum der Brauerei

Heidenpeters Pale Ale – ganz entspannt

»Für mich ist dieses Pale Ale so etwas wie das Pils unter den Craft Bieren«, sagt Johannes Heidenpeter selbst über seinen Bestseller und muss ein bisschen lachen. Was er damit meint: Dieses Bier ist der angenehmste den-ganz-Tag-durch-Begleiter, den man sich vorstellen kann. Unaufgeregt, nicht übertrieben anspruchsvoll, dafür vollkommen rund und fruchtig. Ein Bier, über das man sich nicht den Mund fusselig philosophieren muss und das man auch mal nebenbei trinken kann. Hat man dann aber Lust, genauer hinzuschmecken, macht auch das großen Spaß: Da findet man schnell ein bisschen Aprikose und Pfirsich, viel Orange, ein weiches Malzbett darunter. Empfehlenswertes Berliner Original.

Heidenpeters Pale Ale · American Pale Ale, 5,3 % Vol. · Heidenpeters · Eisenbahnstraße 42–43 · 10997 Berlin · Tel. 01 76 22 29 16 88 · www.heidenpeters.de · mail@heidenpeters.de

Die ganze Familie: Craft Biere von Heidenpeters aus Berlin

Der Brauer Philipp Brokamp in seiner Brauerei in Berlin-Friedrichshain.
Seine hervorragenden Biere gibt es auch (fast) nur hier im Ausschank.

Down Under Ale – G'day & good beer in Friedrichshain

Philipp Brokamp braute schon Craft Beer in Berlin, bevor es Craft Beer in Berlin gab. Sein Brewpub Hops & Barley in Friedrichshain ist der einzige Ort, an dem man immer seine guten Biere trinken kann. Was genau es gibt, ist allerdings stets ein bisschen Glückssache.

Die schlechte Nachricht vorweg: Dieses Bier ist schwer zu bekommen, es gehört gutes Timing dazu. Und: Für dieses Bier müssen Sie nach Berlin. Denn Philipp Brokamp füllt nicht in Flaschen ab. Der Flaschenbiermarkt sei ein Haifischbecken, sagt er. Und frisch vom Hahn schmeckt's eh am besten. So auch sein Down Under Ale, ein Pale Ale mit australischem Hopfen.

Hopfen wächst nur zwischen dem 35. und 55. Breitengrad. Das hat mit dem Klima zu tun und dem Verhältnis zwischen Tag und Nacht. Das ist auf Nord- und Südhalbkugel gleich, weswegen es sowohl hier oben als auch da unten Hopfenanbaugebiete gibt. Trotzdem schmeckt der Hopfen von Down Under anders, viele Sorten werden nur dort angebaut.

Braumeister Philipp Brokamp mag Australien, war ein paar Mal da und fand es naheliegend, auch mal mit Hopfen von dort zu brauen. Zumal amerikanische Hopfen immer teurer und rarer werden. Vor drei Jahren braute er sein erstes *Down Under Ale* mit Topaz. Das kam bei den Berlinern so gut an, dass es den Publikumspreis auf einem Braufest gewann. Auch Ella und Vic Secret probierte er aus – beide super. So wurde das *Down Under Ale* zu einem festen Bestandteil seines wechselndem Spezialbiersortiments. »Dieses Jahr hatte ich das Glück und habe etwas mehr Vic Secret bekommen«, erzählt er, »also werde ich bestimmt noch zwei, drei Mal *Down Under* brauen.« Wann er das tun wird? Keine Ahnung. Oft überlegt er am Sonntagabend, was dienstags in den Kessel kommt. Dicker, fetter Trost: Die Reise ins Hops & Barley in Friedrichshain lohnt sich trotzdem. Weil Brokamp Profi ist und viele super Biere braut, zwei Spezialbiere sind immer am Hahn – und sein Cider. Eine hervorragende Alternative zum Bier, übrigens.

Down Under Ale · Australian Pale Ale, 5 % Vol. · Hops & Barley · Wühlischstraße 22–23 · 10245 Berlin · Tel. (0 30) 29 36 75 34 · www.hopsandbarley.eu · info@hopsandbarley.eu

BRLO Pale Ale – das mit dem schrägen Namen

Von »Wie bitte, was?« bis zum 20-Hl-Sudhaus plus eigenem Brau-gasthaus im absoluten Zentrum von Berlin – und das in nicht ein-mal drei Jahren! Die Erfolgsgeschichte von BRLO ist ziemlich zum Staunen. Von Anfang an dabei: Das fast schon IPA-artige Pale Ale der Brau-Start-upper.

Nennt es, wie ihr wollt: Brillo, Brloooh, Blimsblams – die Gründerin von BRLO hat schon so ziemlich jede Aussprache gehört. Und ihr ist eigentlich alles Recht, sagt sie freimütig. Hauptsache, das Bier schmeckt. Wollte man das Craft Beer mit den hübschen Etiketten und dem schrägen Namen korrekt aussprechen, müsste man Berlo sagen. *BRLO*, erklärt Katharina Kurz, ist ein altslawisches Wort und bedeutet Sumpf. Berlin stammt davon ab, Stadt im Sumpfland. Und immer noch ein Moloch, in dem viel zu viel billiges Fuselbier getrunken wird. Daran wollten Kurz, Christian Laase und Michael Lembke etwas ändern. Während Kurz und Laase wissen, wie man solche Änderun-gen anstößt und verkauft (beide haben Wirtschaft und Marketing studiert und sowohl Gründungs- als auch Managementerfahrung), kann Lembke Bier brauen. Der Mecklenburger hat an der TU Berlin und VLB Brauwesen studiert und zehn Jahre Erfahrung am Sudkessel. Gemeinsam startete das Trio 2014 als Gypsy-Brauer, und es ist nach gerade mal zwei Jahren Besitzer einer eigenen Brauerei mitten im Herzen Berlins, nur ein paar Kilometer vom Potsdamer Platz entfernt. Dort eröffnete letzten Sommer auch ein Biergarten und als es kühler wurde ein Restaurant, das BRLO Brwhouse. Und noch ein ganz besonderer Coup ist den BRLOs gelungen: Sie haben das erste deutsche Craft Beer in die Luft gebracht. Im Frühling 2016 nahm Air Berlin das Pale Ale in sein Bordverpflegungsprogramm auf. Gute Wahl: Das geradlinige, fruchtige Bier ist ein gutes Mittelding zwischen Crazy-American-Craft-Shit und gutem, deutschen Bier, ein stattlicher, leicht restsüßer Malzkörper mit einer hübsch zitrusfruchtigen Hopfenkrone auf dem Kopf. Begeistert den, der IPAs liebt und erschreckt auch den Augustiner-Trinker nicht vollkommen.

BRLO Pale Ale · American Pale Ale, 6 % Vol. · BRLO · Schöneberger Straße 16 10963 Berlin · Tel. (0 30) 55 57 76 06 · www.brlo.de · info@brlo.de

Michael Lembke, Katharina Kurz und Christian Laase haben BRLO gegründet. Spricht man eigentlich »Berlo«, aber die drei hören sich gern kreative Versionen an.

India Pale Ale

Britische Brauer brauten einst extra starke und superhopfige Biere für die Kolonien. Alkohol und Hopfen wirken antibakteriell, so sollte das Bier lange Schiffsreisen überstehen. Die wuchtige, große Schwester des Pale Ales wurde so zum India Pale Ale – heißt es. Der Wahrheitsgehalt dieser Legende ist umstritten. Sicher ist, dass das IPA Motor und Besteller der Craft Beer Bewegung ist. IPAs sind meist gold bis kupferfarben, haben 6 – 7,5 % Alkohol (ab 8 % spricht man von Imperial IPAs). Beim Hopfenstopfen kommt in Whirlpool, Gär- oder Lagertank eine Extraportion Hopfen dazu und sorgt, je nach Sorte, für Zitrus- oder Pinienwald-, Honig- oder Gras-Noten.

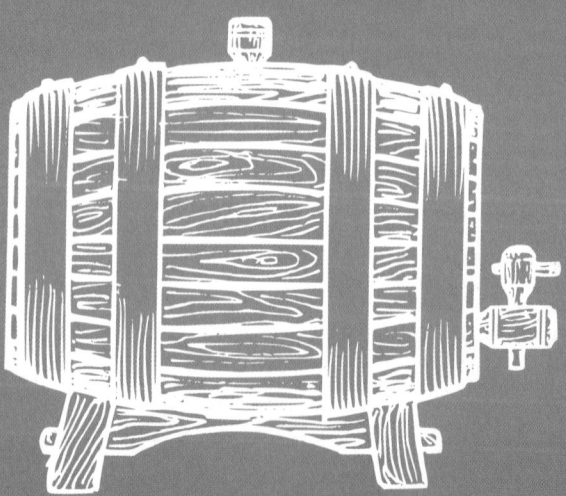

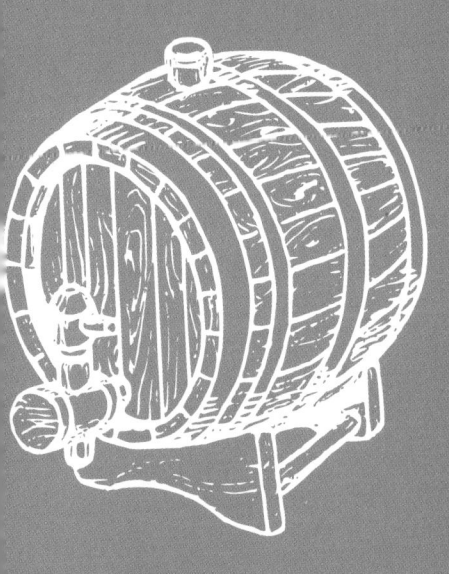

Der fränkische Brauer Christian Hans Müller (o.) und die wohl wichtigste Zutat seines Backbone Splitter: So richtig und ordentlich viel Hopfen (u.)

Backbone Splitter – Pass auf Oma, der ist anders!

Noch ein IPA? Ja, unbedingt! Egal, wie viele Konkurrenten es gibt – wenn du besser bist, bist du besser. So einfach (oder gerade auch nicht) ist das, erkannte Christian Hans Müller, ein Ex-Zahnarzt aus Aschaffenburg, der schon ganz früh unter die deutschen Craft Brauer ging.

Wie würde Christian Hans Müller, Gründer von Hanscraft & Co., seiner Oma sein bestes Bier, den Backbone Splitter, beschreiben? Seiner Oma, als jemand, der mit Craft Beer nicht viel anfangen kann. Der Franke lehnt sich zurück und lächelt: »Ich würde sagen: ›Wenn du mich jetzt hören kannst, solltest du genau hinhören. Der *Backbone Splitter* schmeckt ganz anders als alles, was du bisher getrunken hast.‹ Meine Oma war eine passionierte Henninger-Oma. (Die einst berühmte Brauerei Henninger in Frankfurt-Sachsenhausen ging insolvent und im Radeberger-Konzern auf – Anm. der Red.) ›Vor dem ersten Schluck wird dieses Bier sagen, dass es dir mehr geben wird, als du im Moment vermutest. Denn in der Nase ist es noch freundlich und zuvorkommend. Es riecht tropisch-fruchtig, nach Mango und Papaya. Im Mund breitet es sich weiter aus als gewohnt. Mehr Körper, mehr Süße, aber du wirst ahnen, dass ein Überraschungsmoment bevorsteht. Denn: Wenn es die Kehle herunterfließt, offenbart es sein wahres Gesicht und klingt in einer nachhallenden Bittere, ausbalanciert mit der Fruchtigkeit aus der Nase, langsam ab.‹ Und sie würde sagen: ›Mein Buh, des is doch nur was fä die junge Leit!‹ - und sich ein Henninger eingießen.«

Die jungen Leute aber feiern das Bier des Quereinsteiger rauf und runter: Der *Backbone Splitter* ist eine echte Hausnummer, 97 Punkte bei RateBeer, der internationalen Bierbewertungsplattform im Netz, und zweifelsohne eines der besten deutschen IPAs. Dabei hat Müller gezaudert: »Ich habe überlegt: Soll ich jetzt das dreißigste IPA brauen?« Ja, sollst du, riet ein Freund, Bierblogger und Brauer – wenn es ein wirklich gutes IPA ist. »Vorbild gab es keins. Ich habe frei Schnauze losgebraut und der erste Sud saß.«

Backbone Splitter · American IPA, 6,6 % Vol. · Hanscraft & Co. · Würzburger Straße 152 · 63743 Aschaffenburg · Tel. (0 60 21) 5 80 89 90 · www.hc-co.de · mail@hc-co.de

Dolden Sud –
Geht immer. Immer!

Der *Dolden Sud* war ein ganz frühes, deutsches IPA und wenn man von »Klassikern« auf diesem Gebiet sprechen wollte, dann wäre dieses Bier wohl einer: Klarer Fokus auf dem Hopfen, Zitrus, Mango, Ananas. Schlank (trotz 6,5 % Vol.) und herb im Abgang. »Ehrlich gesagt kann ich den *Dolden Sud* immer trinken. Er ist neben unserem Ur-Weizen mein Lieblingsbier«, sagt der Brauer Max Krieger. Es gab auch mal eine verschärfte Version, das *Dolden Boom*, eine kuriose Kollaboration der kleinen, niederbayerischen Brauerei Riedenburger und der Brooklyn Brewery aus New York. Den konnte man allerdings nicht »immer« trinken, auch nicht als Braumeister: zu krasser Hammer mit acht Prozent.

Dolden Sud · India Pale Ale, 6,5 % Vol. · Riedenburger Brauhaus · Hammerweg 5 · 93339 Riedenburg · Tel. (0 94 42) 9 91 60 · www.riedenburger.de · info@riedenburger.de

Der Braumeister Maximilian Krieger im besten Dolden-Sud-Wetter

Simco 3 –
Aus Alt mach neu

Ein Start-up in Berlin zu gründen und funky Biersorten wie American Pale Ales, Porter und IPA zu brauen, ist eine Sache. Eine über 600 Jahre alte Brauerei in eine neue Zeit zu führen, das ist eine ganz andere Hausnummer. Sebastian Priller-Riegele hat genau das geschafft, er hat das Augsburger Traditionsunternehmen Riegele bereit gemacht für die Craft Beer Revolution. Eine Reise in die USA 2001 war der Ausschlag, damals schon beschloss der Betriebswirt und spätere Brauereichef, ein saftig hopfenbetontes, nach Mango, Holunder und Aprikose duftendes Ale zu brauen. Eins wie dieses, das *Simco 3*, gestopft mit den Hopfensorten Hallertauer Perle, Opal und Simcoe.

Simco 3 · American IPA, 5 % Vol. · Riegele BierManufaktur · Frölichstraße 26 · 86150 Augsburg · Tel. (08 21) 3 20 90 · www.riegele-biermanufaktur.de · info@riegele-biermanufaktur.de

Die Brauerei Riegele in Augsburg beweist, dass nicht nur Start-Ups Craft Beer können.

Black Shark –
ist alles, kann alles

Es gibt Leute, die sagen, solche Biere seien Quatsch. Ein dunkles, helles Bier, Black Pale Ale – was soll denn das sein? Ein Glück, dass es immer auch die gibt, die es anders sehen. Denn bliebe uns der Black Shark vom Chiemsee vorenthalten, wäre das zu schade.

Würde man sich vor wummsigen Bieren fürchten, läse mal wohl keinen Craft-Beer-Führer. Also ignorieren wir die Warnung, dieses Bier sei nichts für Weicheier und lauschen, was der Braumeister Ferdinand Weingarten darüber zu sagen hat. Nur Gutes, nämlich: »Das *Black Shark* ist ein Imperial Black IPA, bei dem die Bittere nicht nur vom Hopfen, sondern auch vom Malz durchscheint. Wir wollten ein starkes, dunkles IPA mit Röstaromen und einer tollen Hopfenblume.« Was der Brauer da sagt, ist erstaunlicher, als es im ersten Moment klingt. Grundsätzlich kann man nämlich behaupten, dass gute Biere sich eigentlich immer entscheiden müssen, ob sie eher hopfen- oder malzbetont sind. Pale Ales und IPAs kommen aus dem Team Hopfen, Stout und Porter etwa sind Fraktion Malz. Nochmal: ganz, ganz grob gesprochen! Die Kunst des Braumeisters besteht darin, dem ausgeprägten Malzkörper ein Hopfenkrönchen aufzusetzen oder der Hopfenwucht einen tragfähigen Malzteppich auszurollen, um darauf geschmeidig den Gaumen entlang zu rollen. Beim *Black Shark* kommt nun beides, Hopfen und Malz, mit viel Karacho daher – und trotzdem funktioniert's. Im ersten Moment bläst einem ein typisch-IPA-iger Hopfenwind ins Gesicht (Chinook, Centennial, Columbus usw., die Altbekannten des US-Aromahopfenspektrums), je wärmer das Bier wird, desto deutlicher kommt sein Kaffeearoma. Deshalb empfiehlt Ferdinand Weingarten, dieses Bier und nichts anderes den ganzen Abend lang zu trinken. Beim Grillen zum Beispiel sei es das perfekte Getränk: Erst macht sich das *Black Shark* zu scharfem Fleisch hervorragend – und danach dann zum Dessert.

▶ **»Es schmeckt kräftig, cremig, nach Kaffee und Bitterschokolade mit einem Hauch von Gewürzkuchen. Wie ein hochintensives Kaffeekränzchen!«**

Black Shark · Imperial Black IPA, 8,5 % Vol. · Camba Bavaria · Mühlweg 2 · 83376 Truchtlaching · Tel. (0 86 24) 40 73 300 · www.camba-bavaria.de · brauerei@cambabavaria.de

Bei Camba Bavaria weiß Brauerin Sabine Danzl, dass sowohl Brautechnologie als auch Qualität der Rohstoffe den Geschmack beeinflussen. Hier prüft Ferdinand Weingarten »seinen« Hopfen.

10 Lemke IPA – Kein Name. Nix. No nonsene

»Name? Wozu? Firlefanz!« sagt Oli Lemke. Sein IPA heißt… *IPA*. »Sagt doch alles.« Und tatsächlich: In diesem Fall sagt das wirklich alles. Das *IPA* aus der Berliner Brauerei ist straight und ehrlich. Nichts, das einem vor lauter Hopfengedröhne die Ohren wegbläst, das malzig-schmelzig an der Zunge klebt – sondern ein rundum ausbalanciertes India Pale Ale. Dabei lässt sich der Brauer, was die Zutaten angeht, nicht lumpen, 60 Bittereinheiten sprechen für sich (sind aber so gut eingebunden, das nichts kratzt), er stopft mit teurem, amerikanischen Amarillo-Hopfen, Cascade und Simcoe. Ziel war, so Lemke, ein Bier, das »keine Mutprobe, sondern ein Genuss« ist.

Lemke IPA · India Pale Ale, 6,5 % Vol. · Brauerei Lemke Berlin · Dircksenstraße 143 · 10178 Berlin-Mitte · Tel. (0 30) 30 87 89 79 · www.lemke.berlin · brauerei@lemke.berlin

Der Berliner Braumeister Oliver Lemke an der Abfüllanlage

Mystique IPA –
Keines wie alle

Wendelin Quadt gründete Kuehn Kunz Rosen als Quereinsteiger gemeinsam mit einem Profi: Der Braumeister Hans Wägner entwickelte neue Biere und verfeinerte auch Quadts Home-Brew-Rezepte. Dieses hier zum Beispiel. Kein IPA wie alle! Kamutflocken, Weizen- und Caramalze geben dem *Mystique IPA* Weichheit und Vollmundigkeit, ohne dabei so eine unsportliche Malzschwere zu entwickeln. Und auch die Hopfung ist besonders, statt Zitrus überwiegen nasenseits Erdbeer und Rose. »Ich trinke gerne ein oder zwei *Mystique IPAs*, wenn abends alles erledigt ist und das Bier in Ruhe genossen werden kann. Es passt nämlich nicht zu Stress und Hektik«, so Wägner.

Mystique IPA · Weizen India Pale Ale, 6,5 % Vol. · Kuehn Kunz Rosen ·
Agnes-Karll-Straße 3 · 55122 Mainz · Tel. (01 78) 4 14 16 74 · www.kuehnkunzrosen.de ·
info@kuehnkunzrosen.de

Qualitätskontrolle: Brauer Hans Wägner und sein Bier

12 Amarsi – der improvisierte, ganz große Wurf

Es gibt nur wenige deutsche Craft Biere, die stellvertretend für einen ganzen Stil stehen. Das Amarsi von Alexander Himburg aber ist so eins: Es ist das Vorzeige-Double IPA made in Germany. Dabei war dieses Bier die längste Zeit »nur« ein IPA – ein etwas groß geratenes, vielleicht.

Das vielleicht beliebteste Bier der deutschen Craft Szene war eigentlich… ein Unfall? Zumindest war es nie so geplant, erzählt Alexander Himburg, Brauer der ersten Generation Craft und Schöpfer dieses charakterstarken Bieres. »Einmal, als ich das *Laguna IPA* brauen wollte und schon eingemaischt hatte, fiel mir auf, dass ich gar nicht genug Cascade auf Lager hatte«, so der Brauer. »Gut, dass man morgens allein im Sudhaus Zeit hat, nachzudenken. So haben ich während des Abläuterns ein neues IPA-Rezept mit den Hopfensorten, die da waren, geschriebene: Amarillo und Simcoe.« Das seien seine liebsten Sorten überhaupt, weshalb es ihn auch gar nicht überrascht hat, dass das Ergebnis formidabel war. Beim nächsten Sud passte der Brauer den Malzkörper noch etwas an und seine Frau Oksana gab dem neuen Himburg-Bier seinen Namen: *Amarsi* – halb Amarillo, halb Simcoe.

▶ »Dieses Bier schmeckt nach Mango, Orange und süßem Karamell – und am besten mit meiner Frau auf der Couch.« – Alexander Himburg

Seitdem sind einige Jahre vergangen und sowohl Alexander Himburg als auch seine Biere haben einige Entwicklung durchlebt. Der Brauer verließ Michelstadt im Odenwald und die dortige Brauerei, macht seine Biere nun »gypsy-style« bei der Hofmark Brauerei in Cham. Dort ist das *Amarsi* – nach einigen Wochen des Tüftelns, Probierens und Zurechtfeilens – zu seiner vollen Blüte erwacht: Immer schon schrammte das IPA was Hopfigkeit und Alkohol angeht, hart an der Grenze zum Imperial. Jetzt ist es offiziell: Seit Mitte 2016 ist das lieblich-warme, runde *Amarsi* ein Double IPA mit saftigen 8,1 % Vol.

Amarsi · Double IPA, 8,1 % Vol. · Himburgs Braukunstkeller · Ehrengutstraße 27 · 80469 München · www.himburgs.com · info@himburgs.com

Alexander Himburg begann früh, in seiner Freizeit Ales zu brauen, und entdeckte dabei den Hopfen als seine Lieblingszutat – gern in rauen Mengen.

13

Mandarina – Bayerisch-exotisch

Alexander Himburg war der erste, der mit *Mandarina-Bavaria* ein German IPA gebraut hat. »Ich hatte, bevor diese Hopfensorte auf den Markt kam, ein paar Dolden geschenkt bekommen und im Keller auf meiner Heimbrauanlage ein phänomenales IPA gemacht«, erinnert er sich. *Mandarina-Bavaria* ist ein erstes, tolles Ergebnis der Anstrengungen deutscher Hopfenzüchter, kreativen Craft Brauern neues Futter zu liefern. Die Sorte wurde im Hopfenforschungszentrum Hüll in der Hallertau gezüchtet und ist von einem Mandarinenschalen-Aroma geprägt. Ein anderer Neuling von dort ist Hüll-Melon (fruchtig, Honigmelone), der ebenfalls in Himburgs IPA gewandert ist.

Mandarina · Double IPA, 8,1% Vol. · Himburgs Braukunstkeller · Ehrengutstraße 27 · 80469 München · www.himburgs.com · info@himburgs.com

Alexander Himburg zeigt, was »craft« eben auch sein kann: Säcke schleppen

Super Ale –
Auf die Freundschaft!

Die »Superfreunde«, Stefan Schröer und Michael Arndt, hatten eine super Idee: Nicht nur super Bier trinken, sondern ein Superbier brauen! Gelernt haben beide das nicht, aber sie betrieben seit 2015 das Frenc, ein Bistro in Berlin-Friedrichshain, in dem sie Crêpes und Craft Beer servieren. In der Nachbarschaft braut Philipp Brokamp (Hops & Barley, siehe Seite 13) Bier und mit ihm zusammen entwickelten Schröer und Arndt das *Super Ale*, das zwischen IPA und Pale Ale steckt, ein bisschen nach Apfel, Orange und Vanille riecht und ziemlich super schmeckt. Trinken sollte man es beim BBQ, im Park, auf einem Konzert – und mit Freunden. Denn, so die Brauer: Ein Superfreund trinkt nie allein!

Super Ale · Easy IPA, 5,9 % Vol. · Niederbarnimstraße 16 · 10247 Berlin · Tel. (0 30) 31 17 39 30 · www.superfreunde-craftbeer.com · hello@superfreunde-craftbeer.com

Weil es so am besten schmeckt: gutes Bier mit einem ganzen Haufen Superfreunde

Amerikanischer Traum –
A dream comes true

Lars Großkurth hatte genug vom mausgrauen Konzernalltag und Sascha Bruns wollte nie einen Job, der zum Großteil aus Am-Rechner-hocken besteht – also gründeten beide zusammen eine Craft Beer Brauerei in Hamburg. Ihr wohl bestes Bier: Ein American IPA, wie es mehr American kaum geht.

Achtzig Prozent der Leute finden dieses Bier fürchterlich, schätzt Lars Großkurth. Gut so! »Für die restlichen zwanzig machen wie den Spaß!« Für ihn stand außer Frage, dass ein Westküsten IPA ins Portfolio gehört, der Weiße Hai unter den IPAs, wenn man so will. Man unterscheidet englische von amerikanischen IPAs, weil letztere hopfenbetonter sind. Man unterscheidet US-East Coast IPAs von West Coast IPAs – weil letztere noch mal hopfenbetonter sind. »Den *Amerikanischen Traum* zu trinken, ist, wie durch einen Pinienhain zu gehen und dabei in eine Grapefruit zu beißen«, sagt Großkurth. Die geballte Ladung amerikanischer »C-Hops« wie man Cascade, Centennial, Chinook und die anderen, die mit C anfangen, gern zusammenfassend nennt, macht sich sowohl im Geruch als auch im Geschmack bemerkbar.

▶ »Ich trinke es am liebsten aus dem Zwickelhahn am Lagertank. Geschmacksexplosion! Wenn man die Gelegenheit hat, ein IPA in der Brauerei direkt zu trinken – machen!« Sascha Bruns

Dabei ist das Bier recht trocken. Nachdem Großkurth seinen Job als Manager eines Tabakkonzerns aufgegeben hatte und beschloss Craft Beer zu machen, tat er sich mit Sascha Bruns zusammen, der, obgleich jünger, auf diesem Gebiet ein paar Jährchen Erfahrung mitbrachte: Er hatte seine Lehre zum Brauer und Mälzer bei Thorsten Schoppe, Urgestein der Berliner Craft-Szene, gemacht. Zusammen starteten sie Hopper Bräu in Hamburg und bezogen im Spätsommer 2016 eine Halle in Altona. Dort brodelt nicht nur das 30-Hl-Sudhaus. Es gibt auch einen Taproom mit allen Bieren frisch vom Hahn und dazu »Hopper Dogs«, Würstchen in Brot, die mit dem Porter *Dunkle Macht* gemacht werden.

Amerikanischer Traum · West Coast IPA, 6,5 % Vol. · Hopper Bräu · Beerenweg 12 · 22761 Hamburg Tel. (0 40) 85 15 82 29 · www.hopperbraeu.de · info@hopperbraeu.de

Wo Bier am besten schmeckt? Natürlich in der Brauerei. Deshalb betreiben Lars Großkurth (unten recht) und Sascha Bruns (unten links) einen Taproom genau dort (oben)

Der Hamburger Braumeister Oliver Wesseloh und seine Frau Julia

Shipa Serie –
Immer gleich, immer anders

Mit seiner Single Hop IPA-Serie zeigt der Kreativbrauer Oliver Wesseloh aus Hamburg eindrucksvoll, wie massiv der Einfluss einzelner Hopfensorten auf den Geschmack eines Bieres ist. Kurz zusammengefasst: Anderer Hopfen, komplett anderes Bier.

Shipa, das steht für **»Sigle Hop India Pale Ale«** und ist der Name einer so simplen wie genialen Idee des Hamburger Kreativbrauers Oliver Wesseloh: »Wir wollen zeigen, dass Hopfen so viel mehr kann, als nur bitter zu sein«, erklärt er. Deshalb hat er ein IPA-Grundrezept entwickelt, das er mit immer nur einer einzigen, aber stets anderen Hopfensorte braut. Den Anfang machten *Shipa Cascade*, *Shipa Simcoe* und *Shipa Amarillo*. Binnen drei Jahren hat der fleißige Brauer nun zwanzig verschiedene Shipas auf den Markt gebracht – zwanzig! Ernüchternder Fakt allerdings: Die allermeisten *Shipas* sind Einmal-Sude, was ausgetrunken ist, ist weg. Zarter Brauer-Trost: »Es wird auch immer mal wieder Neuauflagen von unseren Favoriten geben«, verspricht Wesseloh. »Die werden dann parallel zu den neuen Sorten laufen.« Denn immerhin gäbe es 200 verschiedenen Hopfensorten weltweit, da wäre es doch zu schade, die spannende Serie nicht nach und nach weiter auszubauen. »Ich staune selbst immer wieder, dass man nur mit dem Austausch des Hopfens ein ganz anderes Aromaprofil ins Bier zaubern kann«, so der Brauer. »Schenkt man etwa ein *Shipa Hüll Melon* ein, ist es, als würde man Glas von Omas Marmelade aufmachen, so viel Erdbeer und Honigmelone dampfen einem da entgegen. Hingegen das *Shipa Polaris* erinnert an frische Minze und Eisbonbons.« Und dann wagt der Hamburger noch eine steile These: »Ich bin ja kein passionierter Weintrinker, würde aber dennoch behaupten, dass man am Ende die jeweilige Hopfensorte im *Shipa* deutlicher herausschmecken kann als die Rebsorte in einem Wein.« Und jetzt kommt ihr, Weinleute!

> ▶ **»Das Shipa Mosaic mit seinen fantastischen Aromen von tropischen Früchten und Zitrusnoten ist mein Favorit.« – Oliver Wesseloh**

SHIPA · India Pale Ale, 7,5 % Vol. · Kehrwieder Kreativbrauerei · Sinstorfer Kirchweg 74–92 · 21077 Hamburg · Tel. (0 40) 47 19 07 47 · www.kreativbrauerei.de · braumeister@kreativbrauerei.de

17
ü.NN –
Kater ade!

»Ich war mir sicher, alkoholfrei geht auch lecker«, sagt Oliver Wesseloh, Gründer der Kehrwieder Kreativbrauerei. Der (Eigen-)Bedarf war groß: »Mein Team und ich brauen Bier, wir reden über Bier, schreiben über Bier, verkaufen Bier. Dabei bekommt man unweigerlich Durst auf Bier. Hätten wir den jedes Mal gestillt, wären wir nicht weit gekommen.« Als Sebastian Jakob vom Brauhaus Nittenau ihm von einer Hefe erzählt, die keinen Malzzucker vergären kann, kommt er der Lösung seines Dilemmas näher. Wesseloh kontaktiert alte Studienkollegen an der Versuchs- und Lehranstalt für Brauer in Berlin, bekommt die Hefe tatsächlich und entwickelt das Rezept für das erste alkoholfreie IPA Deutschlands.

ü.NN · IPA alkoholfrei, < 0,5 % Vol. · Kehrwieder Kreativbrauerei ·
Sinstorfer Kirchweg 74–92 · 21077 Hamburg · Tel. (0 40) 47 19 07 47 · www.kreativbrauerei.de ·
braumeister@kreativbrauerei.de

Craft Beer verlangt immer wieder Einsatz und Handarbeit.

Boulevard –
Easy peasy

Natalie Warneke und Martin Schupeta lieben gutes Essen und haben keine Scheu vor aufwändigen Koch- und Küchenprojekten. So haben sie auch einfach einmal ausprobiert, wie man Bier selber braut – und sind dabei geblieben. Heute betreiben sie Vollzeit das Hamburger Craft-Beer-Label »von Freude« und brauen gut zugängliche Biere wie das Boulevard. Das riecht nach Citrus und Holunderblüte, beides den verwendeten Hopfen, Kazbek aus Tschechien und Comet aus Deutschland, geschuldet. Es ist trocken im Finish und allenfalls einen Hauch bitter. Am besten mache es sich zu Sushi und leichten Sommergerichten, so die Brauer – oder zum Grillen mit Freunden aus der Flasche.

Boulevard · Session IPA, 4,3 % Vol. · Von Freude · Humboldtstraße 53G · 22083 Hamburg · Tel. (0 40) 22 85 35 15 · www.vonfreude.de · prost@vonfreude.de

Hieraus wird mal gutes Bier: zwei Hände voll »Grünhopfen«.

Detox –
Mal ein paar Vitamine

Die therapeutische Wirkung des »Konterbier« mag medizinisch nicht erwiesen sein – aber manchmal hilft's schon! Ein ideales Bier nach dem ganzen Bier ist dieses: Ein ausnehmend leichtes und trotzdem fruchtiges Session IPA. »Mich erinnert die Hopfenaromatik immer sehr an Mango und Maracuja«, sagt Mario Hanel, einer der beiden Gründer der Münchner Craft Brauerei Crew Republic. Sie hätten dieses Bier entwickelt, damit gerade in der Sommerhitze nicht alle nach dem ersten Bier vom Stuhl kippen. Ist mittlerweile aber ein Standard und ganzjährig verfügbar. Und das mit der Mango – das stimmt. *Detox* riecht fast ein bisschen wie Multivitaminsaft. Oh, so gesund!

Detox · Session IPA, 3,4 % Vol. · CREW Republic Brewery ·
Andreas-Danzer-Weg 30 · 85716 München · (0 89) 4 11 47 12 90 · www.crewrepublic.de ·
crew@crewrepublic.de

Crew Republic hat Bier mit echt wenig bis richtig vielen Umdrehungen im Angebot.

Spider Monkey –
Hellwach und hopfig

Coffee Stouts und Coffee Porter sind eine wundervolle und einigerma-ßen naheliegende Sache: Oft haben beide Bierstile vom Malz ausgehend ein weiches Kaffeearoma, das echter Kaffee noch unterstützt. Ein IPA mit Kaffee ist hingegen eine ziemlich irrwitzige Idee. Auf die wäre Brauer Simon Siemsglüss auch nicht gekommen, hätte er nicht bei seinem Hamburger Lieblingskaffeeröster Playground Coffee diesen Yirgacheffe aus Äthiopien probiert, einen Kaffee, der fruchtig statt röstschwarz schmeckte. Fruchtig, fast wie ein gut gehopftes IPA. »Dieses Bier soll so richtig in den Synapsen krachen«, sagt Siemsglüss. »Daher auch der Name.«

Spider Monkey · Coffee IPA, 7,3 % Vol. · Buddelship Brauerei · Warnstedtstraße 16 L · 22525 Hamburg · Tel. (0 40) 54 80 98 00 · www.buddelship.de · info@buddelship.de

Würden Sie diesem Affen vertrauen? Ach, tun Sie's einfach! Großes Bier!

Mr. T – dem treuesten Brauereihund gewidmet

Der Hamburger Simon Siemsglüss sammelte Bierwissen auf der ganzen Welt, ehe er mit der Idee, eine eigene Brauerei namens Buddelship zu eröffnen und einem vierbeinigen Mitbringels aus China nach Hamburg zurückkehrte und losbraute.

Tiga ist immer dabei. Ob Craft-Beer-Festival oder Abfüllen in der Brauerei. Tiga weicht seinen Herrchen nicht von der Seite. Als ob er genau wüsste, was er Simon Siemsglüss und dessen Freundin zu verdanken hat: Die fanden den einsamen, von der Schwanz- bis zur Zugenspitze rabenschwarzen Hund nämlich auf der Straße in Hongkong und nahmen ihn bei sich auf. Damit bewahrten sie ihn vor einem grausigen Schicksal, das allen Straßenhunden in China droht.

Hongkong war die letzte Station auf Siemsglüss' langer Reise um die Welt. Der Hamburger hatte in Montreal Wirtschaft studiert und in London Politik, ehe er beschloss, Bier zu seinem Beruf zu machen und an der Versuchs- und Lehranstalt für Brauer in Berlin und der Heriot-Watt-University in Edinburgh Brauwesen lernte. Er arbeitete für Paulaner in China und als Brewmaster in England und plante schließlich, in Hongkong eine Craft-Brauerei zu eröffnen. Als

▶ »Dazu passt Pizza am besten. Jede Form von Pizza.« – Simon Siemsglüss

sich das recht kompliziert gestaltete, beschloss er, in den Heimathafen zurückzukehren. Und so kam auch Tiga schließlich nach Hamburg-Stellingen, wo Siemsglüss im Januar 2014 die Buddelship Brauerei eröffnete. Auf dem Gelände einer ehemaligen Fischkonservenfabrik, zwischen Künstlerwerkstätten und Band-Proberäumen.

Das Bier, das Siemsglüss seinem treuen Hund widmete, ist so schwarz wie dieser und hat eine hübsch hellbeige Krone. Ein herrliches Black IPA, bei dem geschmacklich zuerst das IPA und dann das Black kommt: Die Nase ist so IPAig, wie es nur geht, zitrusfruchtig, viel Grapefruit. Und genau so schmeckt auch der erste Schluck, der Antrunk. Erst dann kommt der Black-Part: röstmalzig und ein bisschen nach Kaffee.

Mr. T · Black IPA, 6,5 % Vol. · Buddelship Brauerei · Warnstedtstraße 16 L · 22525 Hamburg · Tel. (0 40) 54 80 98 00 · www.buddelship.de · info@buddelship.de

Simon Siemsglüss (rechts in den blauen Gummistiefeln) und sein in Fässer gefülltes Bier

Flower Power –
Starkes Nicht-So-Starkes

Die drei meistgehörten Sätze auf Craft-Beer-Events: »Boah, probier mal.« »Komm, eins geht noch!« Und auf Platz eins: »Hast du auch was nicht so Starkes?« Ja, hat er! Thorsten Schoppe braut ein wunderbar florales Session IPA, das er eigentlich nur für die Sommermonate geplant hatte, sich aber zu einem solchen Renner entwickelt hat, dass er es nun ganzjährig anbietet. »Es ist mit viel Saphir-Hopfen«, erklärt der Berliner Brauer. »Eine meiner Lieblingssorten. Die hat nicht das knackig-knallige Grapefruitaroma der amerikanischen Hopfen, sondern ist mehr so … blumig! Ja, blumig ist ein schönes Wort.« Überzeugendes, trotz aller Leichtigkeit nicht wässriges Bier.

Flower Power · Session IPA, 4,7 % Vol. · Schoppe Bräu c/o Pfefferbräu · Schönhauser Allee 176 · 10119 Berlin · Tel. (01 76) 43 42 19 86 · www.schoppebraeu.de · info@schoppebraeu.de

Der Braumeister Thorsten Schoppe in seiner natürlichen Umgebung

G'frorens –
Ein Iced IPA? Holy shit!

Aus der Kategorie »Wer macht denn so was?«: Peter Krammer von der Brauerei Hofstetten braut jedes Jahr 1000 Flaschen Eis-IPA. Wie ein Eisbock wird dieses IPA durch Ausfrieren konzentriert. Will sagen: Wasser friert früher als Alkohol, also lässt man einen Teil des Wassers frieren, entfernt das Eis und bekommt so weniger Bier mit mehr Alkohol. Ganz anders als einen Eisbock stopft Krammer das Bier dann aber nochmal, jedes Jahr mit einer anderen Hopfensorte. Der letzte Jahrgang ging in Richtung superreife Mango. Für Krammer ist sein *G'frorens* der perfekt-abgefahrene Abschluss einer Bierverkostung. Wenn's krasser nicht mehr geht – kommt das.

G'frorens · Imperial Pale Ale, zw. 9,1 und 12,9 % Vol. (je nach Jahrgang) ·
Brauerei Hofstetten · Adsdorf 5 · 4113 St. Martin · Österreich · Tel. (+43) 7 23 22 20 40 ·
www.hofstetten.at · bier@hofstetten.at

In diesen steinernen Trögen entstehen die verrücktesten Biere.

Zu viert mischen die Jungs von Brew Age die österreichische Bierwelt auf.
Ihr Portfolio kann sich sehen lassen.

Dunkle Materie –
Am röstigen Ende der IPAs

24

»Ihr seid's verrückt, aber ich mach mit« soll Raphael Schröer gesagt haben, ehe er mit Johannes Kugler, Michael und Thomas Mauer eine der ersten österreichischen Craft Brauereien gegründet hat. Die Dunkle Materie ist eines der komplexesten und besten Biere von Brew Age.

Das Black IPA ist ein umstrittener Bierstil. Manch einer sagt, es sei ein Paradoxon, ein Widerspruch in sich und mache eigentlich überhaupt keinen Sinn. Ein schwarzes (black), helles (pale) Bier? Was soll das sein? Nun: In erster Linie ziemlich lecker. »Wir haben wirklich viel ausprobiert«, sagt Johannes Kugler, Braumeister und einer der Gründer der Wiener Gypsy-Brauerei Brew Age. »Und wir kamen immer wieder darauf, dass die Kombination aus dem typisch amerikanischen Hopfenprofil, das man ja gern auch als einen Fruchtkorb aus Pfirsich, Mango und Maracuja beschreibt, und einer gewissen Röstaromatik richtig gut ist.« Allerdings gehe letzteres in vielen Black IPAs ziemlich unter. Man müsse die ja nur einmal in einer Blindverkostung trinken, um schnell festzustellen: Kein Mensch käme drauf, dass diese Biere dunkel sind, sie schmecken hopfig und hell wie IPAs eben schmecken. Die Brew Ager hingegen beschlossen, in der Brauerei Gusswerk bei Salzburg ein Black IPA zu brauen, dass einen guten Ticken mehr Röst als Mango und Co. hat. Tatsächlich könne man vielleicht meinen, es mit einem stärker gehopften Imperial Stout zu tun zu haben, so Kugler. Aber so ist das eben in der kreativen Craft Welt: »Die Grenzen sind fließend«, sagt er achselzuckend. Und wenn's schmeckt…!? Das tut es: In Nase und Antrunk noch ganz stoutig, nach Kaffee und Zartbitterschokolade. Dann knallt der Hopfen mit seiner ganzen Tropenfruchtwucht rein und am Ende bleibt ein bisschen Pinie. Komplex und spannend, lohnt sich ganz bewusst und in vielen, vielen Schlückchen immer wieder neu zu verkosten.

▶ **»Passt sowohl zum Dessert und nimmt Süßem seine Schwere als auch zu Gebratenem. Barbecue-Ripperl sind super dazu!«** – Johannes Kugler

---

Dunkle Materie · Black IPA/Cascadian Dark Ale, 6 % Vol. · Brew Age · Haberlandtgasse 64/3/1 · 1220 Wien · Österreich· Tel. (+43) 68 01 15 51 20 · www.brewage.at · office@brewage.at

Fuchsteufelswuid –
Setz dich erstmal

Ein Couchbier wollte er machen, sagt Markus Hoppe. Couchbier im Sinne von: Lieber im Sitzen trinken. Alle seine Biere rangierten bis dato im sechs-Komma-irgendwas-Bereich. Fehlte noch eins, das richtig fetzt, wie er sagt. »Ein Null-Kompromiss-Bier, bei dem mir Wurscht war, ob ich das verkaufe oder nicht.« Heraus kam das *Fuchsteufelswuid*, ein Imperial IPA, das zur Abwechslung nicht mit den klassischen IPA-Hopfen, sondern mit Taurus, Galaxy und Calypso gestopft ist und – wie gewünscht – ordentlich fetzt. »Erst süß im Antrunk, dann kommt der Hopfen mit 82 IBUs von der Seite und am Schluss explodiert das alles in einem hopfig-harzigen Aroma im Mund«, sagt Hoppe.

Fuchsteufelswuid · Imperial IPA, 8,2 % Vol. · Hoppebräu · Edelweißstr. 21 · 83666 Waakirchen · www.hoppebraeu.de · info@hoppebraeu.de

Markus Hoppe im Waakirchener Sonnenuntergang

Progusta –
German Ausgeglichenheit

Braumeister Marc Rauschmann war neulich in New York. Als er um halb elf Uhr morgens einen Kaffee bestellen wollte, machte der Kellner ihn darauf aufmerksam, dass es in Deutschland doch schon 16:30 Uhr sei, eine völlig akzeptable Bierzeit. Rauschmann stimmt zu und bestellte sein Progusta Progusta (ja, mit etwas Glück findet man das sogar in den USA am Hahn). Und es war so gut wie immer: Deutliche Fruchtnote, leichte süße, perfekt eingebundene Bittere. Genau damit ist das *Progusta* der Prototyp des German IPA. Balance und Drinkability stehen hier viel mehr im Vordergrund als bei US-Bieren, die oft bewusst zu krass in die eine oder andere Richtung ausschlagen.

Progusta · India Pale Ale, 6,8 % Vol. · Braufactum · Darmstädter Landstraße 185 · 60598 Frankfurt · Tel. (069) 60 65 65 9 · www.braufactum.de · info@braufactum.de

Aus Schaum geboren: Progusta ist eines der besten deutschen IPAs.

Craft Beer: Das bedeutet oft auch ansprechend gestaltete Etiketten.

Red Devil IPA – Leidenschaft, die Leiden lindert

Die Dipl.-Braumeister Holger Schmidt und Dietrich Freitag betreiben ein Büro für Brauerei-Laborplanung und arbeiten mehr planerisch-theoretisch mit Bier – bis sie 25 Jahre nach Studium und Lehrzeit wieder aktiv zu brauen beginnen und mit der Gründung des Craft Beer Label Hops Brewing ihren Beruf zum Hobby machen, wie sie sagen.

Das *Red Devil* sei das, was man früher ein »Lückenbier« nannte, sagt der Braumeister Holger Schmidt. Ein Lückenbier? Lückenbüßer? Lückenhaft? Bitte was? Schnell eine Portion Basisbierwissen: Bier wird in Deutschland nicht nur nach Stil, sondern auch nach Gattung unterschieden. Es gibt die Biergattungen Einfach-, Schank-, Voll- und Starkbier. Die Gattungsbezeichnung ist sehr entscheidend, denn daran macht sich die Höhe der erhobenen Biersteuer fest. Bestimmt wird die Gattung eines Bieres durch seinen Stammwürzegehalt. Biere mit der geringsten Stammwürze klassifiziert man als Einfachbiere, welche mit über 16 Prozent als Starkbier. Soweit, so klar. Heutzutage! Bis zur Überarbeitung des Biersteuergesetzes Anfang der 1990er hatte dieses Regelwerk aber ein Loch, Biere mit einer Stammwürze von 14,1 bis 15,9% waren nicht erfasst, sie lagen zwischen Voll- und Starkbier und durften deshalb nicht gebraut werden.

Holger Schmidt wollte mit seinem IPA bewusst genau in diese Lücke, so wie das Red Devil ja auch geschmacklich eine Lücke zwischen sanft-gefällig und hammer-hopfig füllt. Im Antrunk würzig-fruchtig und im Abgang schön bitter ist das *Red Devil* ein geradliniges, makelloses IPA.

▶ **»Mein persönlicher Favorit ist zum Red Devil IPA ein Stück Schwarzbrot mit einem kräftigen Käse.« – Holger Schmidt**

Benannt hat Schmidt es nach seinem Fußballverein, dem FC Kaiserslautern, den Roten Teufeln vom Betzenberg. Der sei genauso seine Leidenschaft wie das Craft Beer brauen – mit etwas mehr Betonung auf »leiden«, vielleicht. »Das müssen die Fans der Roten Teufel momentan zur Genüge«, sagt er.

Red Devil IPA · India Pale Ale, 7 % Vol. · Hops Brewing · 55768 Hoppstädten-Weiersbach · Tel. (01 73) 2 10 37 64 · www.hops-brewing.com · info@hops-brewing.com

28 Stone IPA – der Brontosaurus unter den IPAs

Dieses Bier ist ein Dinosaurier. Eine Legende. Auch wenn es gerade mal zwanzig Jahre alt ist, aber die Craft-Beer-Bewegung ist nun mal jung und ein Bier, das im Sommer 1997 auf den Markt kam, ist ein Urgestein. Zum ersten Geburtstag von Stone Brewing in San Diego erdachte Steve Wagner, einer der beiden Gründer der Brauerei, die heute zu den größten und einflussreichsten der USA zählt, ein klassisches American IPA, stark und voller Zitrus- und Piniennadelaromen. Es war eines der ersten in den USA, das ganzjährig verfügbar war und zählt auch zu den ersten Bieren, die standardmäßig im 2016 eröffneten Europa-Ableger der Brauerei in Berlin-Mariendorf gebraut werden.

Stone IPA · West Coast India Pale Ale, 6,9 % Vol. · Stone Brewing Berlin ·
Im Marienpark 22 · 12107 Berlin · Tel. 01 51 23 97 18 70 · www.stonebrewing.eu ·
info.berlin@stonebrewing.eu

Pretty impressive, wie sie in den USA sagen würden: Stone Brewing Berlin

Thomas Tyrell ist der Braumeister bei Stone Brewing in Berlin.

Amber Ale

Die Bezeichnung Amber Ale kam erst mit der Craft-Beer-Bewegung auf. Im Grunde sprechen wir hier von Pale Ales (obergärig, mittelstark, eher hell), in deren Malzschüttung ein gehöriger Anteil an Malzen steckt (z. B. Melanoidinmalze), die das fertige Bier bernsteinorange machen. Dadurch liegt oft geschmacklich etwas mehr Gewicht auf Malz denn auf Hopfen, oft schmecken Amber Ales leicht karamellig, abhängig davon, wie »amerikanisch« der Stil interpretiert wird, kommt auch eine gewisse Hopfenbittere ins Spiel. Ein Prototyp des Amber Ale ist das 5AM Saint von BrewDog aus Schottland.

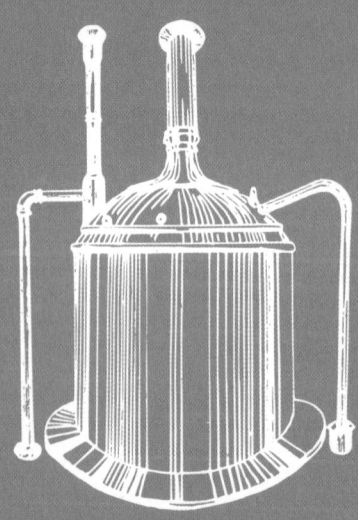

Rubi Ale –
Bier? Das is' mir zu bitter

Der Brauer selbst würde sein Bier als ein »Rheinhessisches Ale« bezeichnen. Nachdem diese Bierkategorie allerdings noch keine internationale Anerkennung erfahren konnte, sortieren wir das *Rubi Ale* zu den Amber Ales. Da passt es farblich hin, wenngleich es schon nicht mehr klassisch bernsteinfarben sondern sonnenuntergangsrot ist. Tolle Farbe! Und auch was für alle, denen Bier sonst zu bitter ist: »Das *Rubi* ist gerade so bitter, dass es nicht läbsch schmeckt«, sagt Uli Sander. Es riecht nach Mandarine und Grapefruit, schmeckt klar und trocken. »Ein super Begleiter zu hellem Fleisch, Burger, Pizza, frischen Salaten oder Kassler!«

Rubi Ale · Amber Ale, 5,9 % · Braumanufaktur Sander · Weinsheimer Straße 67 · 67547 Worms · Tel. (0 62 41) 8 54 50 28 · www.brauerei-sander.de · info@brauerei-sander.de

Braumeister Ulrich Sander auf dem Weg zum guten Bier

Brown Ale

Früher war irgendwie mehr Brown Ale. Um genau zu sein, waren alle Biere Englands brown, ehe ab erstmals 1642 Koks eingesetzt wurde, um das Malzdarren besser zu kontrollieren und weniger Körner zu verbrennen. Moderne Brown Ales werden mit hellen und Spezialmalzen gebraut, sind kupferbraun und moderat alkoholisch (4–5,5 % Vol.). Sie unterscheiden sich von Porter-Bieren insofern, dass Röstaromen hier eine eher untergeordnete Rolle spielen, viel mehr geht ihr Geschmack in Richtung Brot und Karamell. Eine Kalthopfung mit ausgewählten Sorten kann dem ein hübsch waldig-bitteres Krönchen aufsetzen.

Horst – Who the f*ck is Horst?

Manchmal ist die Bierwelt ungerecht. Und unverständlich. Warum Brown Ales so ins Hintertreffen geraten sind? So selten gebraut werden? Who knows! Und eigentlich schade, denn der alte, englische Stil hat so viel Potenzial, wie die Jungs vom Braukollektiv Freiburg mit diesem Bier beweisen: Schön waldiger Kiefernharzgeruch, leichte Zitronennote und etwas dezent Röstiges in der Nase. Es schmeckt sanft süßlich und ein bisschen nussig und definitiv auch nach Hopfen, dem Cascade im Whirlpool und dem später gestopften Centennial sei Dank. Ein Bier, das es auf der internationalen Bierbewertungsplattform RateBeer unter die 25 besten seiner Gattung schaffte – weltweit. Und völlig zurecht. Also: May the *Horst* be with you.

Horst · Brown Ale, 6,2% Vol. · Braukollektiv · Runzstraße 50 · 79102 Freiburg i. Br. · Tel. (07 61) 7 05 86 45 · braukollektiv.com · info@braukollektiv.com

Auf ein Bier mit Horst: Großer Wurf des Braukollektiv Freiburg

Altbier

*Das Alt heißt so, weil es nach »alter Art« gebraut wird. In der
deutschen Biergeschichte meint das, wie Bier eben gebraut wurde,
bevor Carl Linde die Kältemaschine erfand, es mithin möglich
wurde, Bier bei konstant kalten Temperaturen zu vergären und
die untergärigen Biere (Pils, Helles) ihren Siegeszug antraten. Für
das Altbier, das am Niederrhein überlebte, verwenden Brauer bis
heute eine spezielle Altbierhefe, die, obwohl obergärig, bei einer
geringen Gärtemperatur arbeitet und relativ wenig Aroma
produziert. So entsteht der typische Alt-Geschmack aus der feinen
Balance von Malzsüße und Hopfenbittere.*

31

Lenny's Alt – Einmal weite Welt und zurück

Zu behaupten, Altbier sei kein besonders populäres Bier in Deutschland, stimmt nicht: Tatsächlich hat der alte Bierstil eine treue Fanbase, allerdings regional sehr begrenzt. Christian Lennartz ist nun angetreten, das zu ändern. Er bringt das Bier seiner Heimat in die große Stadt – nach Berlin.

Altbier ist kein weit verbreiteter Stil. Düsseldorf ist die Hauptstadt des Altlandes, darum herum, an Niederrhein trinkt man's – und das war's. Allerdings: Der Altbiertrinker an sich ist eine treue Seele. Einmal Alt, immer Alt. Und vor allem niemals Kölsch. Nur Christian Lennartz, der ist anders. Der Mönchengladbacher, also qua Geburt Alttrinker, fing schon mit sechzehn an, sich durch so ziemlich alle Biersorten zu probieren. Dabei wurde es ihm in Deutschland schnell fad, spannendere Biere fand er auf Reisen. Als es allerdings darum ging, einen Ausbildungsplatz als Brauer und Mälzer zu suchen, blieb er seinem inneren Altbierländer treu und fing bei einer renommierten Altbrauerei in Düsseldorf an.

▶ **»Es schmeckt kräftig, cremig, nach Kaffee und Bitterschokolade mit einem Hauch von Gewürzkuchen. Wie ein hochintensives Kaffeekränzchen!«**

Als fertiger Brauer zog es Lennartz, den eigentlich alle Lenny nennen, in die weite Welt. Weil er Kiwis, die Vögel, mag und Natur auch, ging er für ein halbes Jahr nach Neuseeland. Er half bei der Hopfenernte und arbeitete in Craft-Brauereien, die allerlei wildes Zeugs jenseits des ollen Alts brauten. Zurück in Deutschland startete Lenny seine Karriere als Berliner Gypsy-Brauer auch mit verrückten Bieren, einem Coffee Cream Ale, einem Schokoladen-Porter. Dann aber kehrte er zu seinen Wurzeln zurück und entwickelte ein Altbier, das fortan zu seinem Portfolio gehört: *Lenny's Alt* hat eine röstige Malznote und eine gewisse Bittere, die dagegenhält. Das macht es erfrischend, sommers wie winters. Darüber hinaus gibt es ein saisonales *Double Alt,* eine Art Altbierbock mit 6,2 % Alkohol und jeweils einer einzigen, von Sud zu Sud wechselnden Aromahopfensorte gestopft.

Lenny's Alt · Altbier, 4,9 % Vol. · Lenny's Artisanal Ales · Berlin · www.facebook.com/LennysArtisanalAles · lennysartisanalales@gmail.com

Christian »Lenny« Lennartz (dritter von links) braut gern und oft mit Brauerkollegen wie hier oben. Alle seine Biere (unten) sind »Gypsy-Brews«.

Doppel-Alt –
Alt mal in neu

Eigentlich sei es erstaunlich, findet Simon Rossmann, das überall auf der Welt Altbier unter Craft-Brauern ein großes Thema ist – außer in Deutschland, wo es herkommt. Dabei könne man so viel aus diesem Stil machen! Selten kommen nämlich Röst- und Hopfenaromen so eng zusammen, meistens gilt ja: Entweder Röst (Stout, Porter etc.) oder Hopfen (Pale Ale, IPA usw.). Also beschlossen sein Chef Steffen Marx, Gründer von Giesinger Bräu, und er, in München, fern der niederrheinischen Heimat dieses Bierstiles, eine neue, starke Interpretation auf den Markt zu bringen. »Das *Doppel-Alt* ist das perfekte Nachtischbier«, sagt Rossmann. »Schokoladig mit feinen Hopfenspitzen.«

Doppel-Alt · Altbier, 7 % Vol. · Giesinger Bräu · Martin-Luther-Straße 2 · 81539 München · Tel. (0 89) 65 11 49 11 · www.giesinger-braeu.de · info@giesinger-braeu.de

Hier fehlt etwas ganz und gar Wesentliches: Bier. Gutes, Giesinger Bier.

Ehrenfelder Alt –
Was für ein Skandal

Es war ein Skandal, als Peter Esser dieses Bier vor zehn Jahren an den Hahn nahm. Ein Skandal! Ein Brauer aus Düsseldorf, der es wagt, in Köln-Ehrenfeld, Kölsch-Country also, ein Altbier zu brauen. Noch mal: Skandal! Doch wie das so ist, mit den Skandalen: Es zog reichlich Neugierige in Essers Braustelle, die das verbotene Bier kosten wollten – und siehe da, es schmeckte! Sehr herb mit einer leicht rauchigen Note dank verschiedener dunkler Malze, die zum Teil über Buchenholz geräuchert sind. Esser trinkt es am liebsten, wenn er ein gutes Stück Fleisch im Smoker hat. Er macht dann Halbe-Halbe mit dem Fleisch: Ein Schluck für den Brauer, einer über den Braten.

Ehrenfelder Alt · Altbier, 4,8 % Vol. · Helios-Braustelle · Christianstraße 2 · 50825 Köln ·
Tel. (02 21) 2 05 69 32 · www.braustelle.com · peter.esser@web.de

Urig und gemütlich: Die Helios Braustelle in Köln-Ehrenfeld

Kölsch

Das Besondere am Kölsch: Dieses helle, klare, leichte und sehr deutsche Bier, das man schnell mal ganz leichtfertig in eine Reihe mit Pils und Hellem stellt, ist obergärig. Obergärig! Ein Ale, wenn man so will. Glanzfein und hellgelb riecht es – so es denn riecht, wie es sollte – nach grünem Hopfen und ein bisschen nach Getreide. Im Gegensatz zum Pils ist das Kölsch weniger bitter, hat aber auch nicht die Süßlichkeit eines Hellen. Extrem schlank und prickelnd. Idealer Begleiter zu leichten Speisen, Fisch – und Karnevalsparties, natürlich.

34

Helios –
die Urform des Kölsch

Peter Esser braut als Düsseldorfer in Köln ein Kölsch, das aber genau genommen kein Kölsch ist. In der Kölsch Konvention von 1985 wurde absolut genau festgelegt, welches Bier sich Kölsch nennen darf – und welches nicht. Das Kriterium »muss auch wirklich in Köln gebraut sein« ist eben nur eines …

Peter Esser sagt: »Am liebsten trinke ich das *Helios* mit 'nem lecker Mädchen zum zweiten Frühstück, dazu ein Röggelchen mit eine Flönz.« Das muss man für Nicht-Rheinländer freilich übersetzen: Der Kölner Braumeister trinkt dieses Bier am liebsten mit seiner Frau, einem Roggendoppelbrötchen und Blutwurst. Ganz original also.

So wie das *Helios* auch ganz original ist, ein Ur-Original, quasi: Nach seiner Rezeptur ist dieses helle, obergärige Bier nämlich eigentlich ein Kölsch. Nach der Kölschkonvention von 1985 (ja, gibt es wirklich) muss ein Bier, das die Bezeichnung Kölsch tragen will, erstens in Köln gebraut sein und zweitens blank, sprich also filtriert sein. Beim Filtrieren werden Schweb- und Trübstoffe sowie kleine Reste von Malz und Hopfen aus dem Bier gefiltert. In der Industrie ist das Standard, weil Bier so haltbarer wird. In der Craft-Szene lehnen viele Brauer Filtration ab – so wie Peter Esser. Und zwar konsequent. Dabei ginge, findet er, zu viel Geschmack verloren. Unfiltriert darf Esser sein in Köln-Ehrenfeld gebrautes Kölsch aber nun mal nicht Kölsch nennen. Es ist ein Wiess. Wiess ist die Urform des Kölsch.

Der Brauer selbst beschreibt das *Helios* als »einfach und gut«: Eine Malzsorte (Pilsener), eine Hopfensorte (Spalter Select), ganz viel Erfahrung und die richtige Portion Liebe ergeben ein recht herbes Bier, dessen Bittere allerdings von fruchtigen Noten, die von der obergärigen Hefe erzeugt werden, abgefedert wird. Es ist der Bestseller in Essers Braustelle in Ehrenfeld, einst, als Esser hier anfing Bier zu brauen, ein übles Viertel mit vielen Korn-mit-Nix-Tresengästen schon vor Mittag. Inzwischen aber hat sich das geändert und die Braustelle ist, wenn man so will, die Ur-Craft-Kneipe Kölns und Umgebung.

Helios · Wiess, 4,8 % Vol. · Helios-Braustelle · Christianstraße 2 · 50825 Köln · Tel. (02 21) 2 85 69 32 · www.braustelle.com · peter.esser@web.de

Weißbier (Hefeweizen)

Was der Bayer als Weißbier kennt, heißt anderswo Hefeweizen. Dieser Name sagt auch schon, worum es geht: Statt mit Gerstenwird dieses Bier mit Weizenmalz gebraut, in Deutschland müssen das mindestens 50 % sein. Und die Hefe macht den Unterschied, im Gegensatz zu den sonst gängigen deutschen Bieren ist sie obergärig (arbeitet bei höheren Temperaturen) und verleiht dem Bayerischen Weißbier seinen ganz und gar typischen Bananengeruch. Hefeweizen sind in der Regel unfiltriert, also trüb, hell und haben einen Alkoholgehalt von 5,5 %. Hopfen wird klassischerweise eher behutsam verwendet – in der Craft Szene dafür umso leidenschaftlicher.

35

Citrilla –
den sticht der Weizen

Falsch wäre, zu behaupten, der Chef der Brauerei Maisel in Bayreuth, die seit Generationen Maisels Weiße braut, könne nur Weißbier. Das hat Jeff Maisel mit seiner Craft-Submarke Maisel & Friends hinlänglich bewiesen: Pale Ale, Porter, Stout – er kann alles, ziemlich gut sogar. Trotzdem hat das Weizen es ihm angetan: »Ich bin Weißbier-Bräu aus Leidenschaft, und mit seinem besonderen Geschmacksprofil bietet Weißbier die perfekte Grundlage für kreative Neuinterpretationen«, sagt er. Zum Beispiel, wenn man es mit Citra und Amarillo stopft. Eine Fruchtbombe ergebe das, Ananas, Limette, Banane. »Vollmundig und spritzig wie ein Weißbier, mit dem herben Charakter eines IPAs.«

Citrilla · Weizen-IPA, 6,0 % Vol. · Brauerei Gebr. Maisel · Hindenburgstraße 9 · 95445 Bayreuth · Tel. (0921) 401258 www.maisel.com · brauerei@maisel.com

Der Bayreuther Brauereichef Jeff Maisel da, wo der Hopfen wächst

Auch das ist Craft Beer: »Heimat« von der Berliner Bierfabrik ist ein ur-klassisches und ur-süffiges bayerisches Weißbier.

Heimat – Home is where your Biertragel is

Der Wahlberliner Sebastian Mergel hat immer einen Kasten Heimat Weißbier in seinem Elternhaus im bayerischen Murnau am Staffelsee stehen. Da kommt dieses Bier her, und da schmeckt's am besten, sagt er. Am liebsten trinkt er das Weißbier mit Freunden unterm Gipfelkreuz.

Eigentlich hat Sebastian Mergel seine Heimat schon vor Jahren verlassen, ist vom bilderbuchbayerischen Murnau in den grauwilden Wedding, Berlin, gezogen. Dort gründete er mit zwei Kommilitonen, die wie er an der TU Brauerei- und Getränketechnologie studierten, eines der ersten Berliner Craft-Beer-Unternehmen: Beer4Wedding. Daraus wurde später die Berliner Bierfarbik und zusammen mit André Schleypen und Julian Schmidt eröffnete Mergel im Sommer 2014 eine Brauerei in der Alten Börse Marzahn. Wo vor hundert Jahren Schweine und Rinder gehandelt wurden und später die Nationale Volksarmee Militärparaden abhielt, brauen nun Mergel und Schleypen also Bier – allerdings nicht dieses hier. Das *Heimat* wird von der Brauerei Karg in Murnau am Staffelsee nach dem Rezept der Berliner gebraut – in Mergels alter Heimat also. Für ihn hat das mehrere Vorteile: Erstens würden anders die Kapazitäten in der kleinen Marzahner Brauerei knapp. Zweitens ist die Brauerei Karg eine reine Weißbierbrauerei, die seit 1980 nichts anderes braut, mehr Erfahrung und bessere technische Möglichkeiten hat, das perfekte Weißbier zu brauen. Zum Beispiel gibt es da eine Wärmekammer, die die Flaschengärung der Weißbiere ermöglicht.

Das *Heimat* ist ein klassisches, bayerisches Weißbier. Das erkennt man – auch wenn's exotisch klingt – an seinem Bananengeruch. Ein typisches, bayerisches Weißbier riecht immer so und oft ein bisschen nach Gewürznelken. Für beides ist die Weißbierhefe verantwortlich, die, während sie Zucker in Alkohol umwandelt, bestimmte Ester produziert, flüchtige, aromatische Verbindungen – kurz: diesen Bananenduft. »Uns war es wichtig, dass im Rahmen der sogenannten Craft-Beer-Revolution nicht nur Pale Ales und Stouts gebraut werden, sondern auch klassische deutsche Bierstile.«

Heimat · Bayerisches Hefeweizen, 5,6 % Vol. · BBF Berliner Bierfabrik · Zur Alten Börse 74 · 12681 Berlin · Tel. (0 30) 55 20 03 14 · www.berlinerbierfabrik.com · info@bierfrabrik.com

37 Summer – Kenn ich.
Aber irgendwie doch anders

Der Portugiese Rui Vieira Esteves war einer der ersten, der mit dem Thema Craft Beer angefangen hat. 2007. In Südafrika. Als Gypsy-Brauer machte er damals schon Craft Beer in bayerischen Brauereien. Seit einigen Jahren reist das nun nicht mehr um den Globus, sondern kommt auch hierzulande in die Läden und Gastronomien. And Union Biere sind mit voller Absicht nie die krassesten und verrücktesten auf der Karte, sondern immer die zugänglichen mit dem subtilen Twist. Das *Summer* etwa holt den deutschen Weißbiertrinker wunderbar ab, nur dieses bisschen mehr Orangenaroma, dieses leicht blumige – das ist irgendwie anders. Und sehr schön.

Summer · Wheat Ale, 5,5 % Vol. · And Union · Ganghofer Straße 31 · 80339 München · Tel. (01 75) 9 51 80 19 · www.andunion.com · info@andunion.de

Gründer Rui Estevez (Mitte) mit seinen Partnern Axel Ohm (links) und Patrick Rüther (rechts)

Matrosenschluck –
Oh, oats

Fällt das schon in die Kategorie »Mann findet einen Knopf und näht sich den Anzug dazu«? »Ich gehe gern von einzelnen Rohstoffen aus, die ich toll finde«, erklärt Braumeister Ian Pyle, »und baue ein Rezept drumherum.« In diesem Fall – Kalauer Alarm – stach ihn der Hafer: Pyle wollte ein Bier mit Hafermalz brauen, das nicht nur für eine cremige Textur sorgt, sondern auch einen nussigen, in höherer Konzentration beerenartigen Eigengeschmack mitbringt. Passt ideal zu einem Weizen-IPA-Hybrid wie dem Matrosenschluck, wo auch der Hopfen aus dem Geschmacksbereich zart und weich stammt (Pfirsich und Orange) und die Hefe einen Schwung reife Banane dazu schmeißt.

Matrosenschluck · Wheat Ale, 6,5 % Vol. · Ratsherrn Brauerei · Lagerstraße 30a · 20357 Hamburg · Tel. (0 40) 38 07 28 92 · www.ratsherrn.de · info@ratsherrn.de

Im Herzen Hamburgs, in den Schanzenhöfen, ist die Ratsherrn-Brauerei zu Hause.

Tap5 –
Wettkönig Georg VI

Auf den ersten Blick ist das 145 Jahre alte Traditionsunternehmen keine typische Craft Brewery, aber der Chef von Schneider Weisse, Georg VI. Schneider, gehört ohne Frage zu den Craft-Pionieren dieses Landes. Er war schon ein Star der US-Craft-Szene, lange bevor das alles hier Thema wurde.

Eines der besten Biere der Weißbierbrauerei Schneider aus Kelheim ist das Ergebnis einer verlorenen Wette. »Ich habe mit Garret Oliver, dem Gründer der Brooklyn Brewery, ein, zwei oder vielleicht auch drei Bier getrunken«, erinnert sich Georg VI. Schneider, mittlerweile Präsident des Bayerischen Brauerbundes, an diesen folgenreichen Abend 2007. Dabei philosophieren die Biermacher über Terroir. Spielt das wie beim Wein auch in Sachen Bier eine Rolle? Garret Oliver glaubt, dass es sehr wohl Einfluss auf den Geschmack eines Bieres habe, wo Gerste oder Hopfen herkämen. Ein mit amerikanischen Malzen gebrautes Bier schmecke anders als eins mit deutschen.

▶ **»Dieses Bier ist ein wunderbares Schlafmittel und passt gut zu scharfen Gerichten mit Chili, Curry oder Wasabi – und zu Ingwerschokolade.« – Georg VI. Schneider**

Georg Schneider hält dagegen: Unfug, Malz ist Malz und Hopfen Hopfen, dies- und jenseits des Atlantiks. Sie beschließen, es auszuprobieren und brauen ein Bier, ein starkes, gestopftes Weißbier, mit viel Malz und viel Hopfen. Oliver sollte dafür in Brooklyn amerikanische Zutaten nehmen, Schneider in Bayern bayerische, ansonsten war das Rezept bis auf das Komma gleich. Vier Wochen später treffen sich die beiden wieder und verkosteten. Sofort ist klar: »Ich habe verloren«, sagt Schneider. Haushoch: Die Biere schmeckten komplett unterschiedlich – aber beide waren toll. Bei Schneider gehört dieser Weizenbock nun seit 2008 zum Standardrepertoire. Weil die Nachfrage so groß war. »Was mich überrascht hat, war, wie viele Liebhaberinnen das *Tap5* hat«, sagt Schneider. Das mag an seiner entzückenden Weichheit liegen, die von der reichen Malzschüttung herrührt, oder dem Hopfenduft dieses Bieres, der eine stark florale Note hat.

Tap5: Meine Hopfenweiße · Weizenbock, 8,2 % Vol. ·
Schneider Weisse G. Schneider & Sohn · Emil-Ott-Straße 1–5 · 93309 Kelheim ·
Tel. (0 94 41) 70 50 · www.schneider-weisse.de · info@schneider-weisse.de

Die großen Besonderheiten der Schneider Weisse: Alle Biere werden mit Weizen gebraut (oben) und gären in offenen Bottichen (unten).

Bock, Doppelbock, Weizenbock und Co.

Nein, mit dem Tier hat das nichts zu tun. Wohl geht der Begriff Bockbier auf den Ort Einbeck bei Hannover zurück. Das Bier »Einbeckischer Art«, irgendwann zu »Einböckisch« vernuschelt, hatte im Bayern des 17. Jahrhunderts einen hervorragenden Ruf. Und so setzte sich für besonderes, gutes und vor allen Dingen starkes Bier (ab ca. 7 % Vol.) der Begriff Bockbier durch. Doppelbock ist, logisch, noch eine Steigerung (auch als »Starkbier« bekannt mit bis 10 % Vol.). In der Regel meint man mit Bock untergärige Biere (Heller Bock, Maibock etc.). Wir haben auch mal die extra-starken Weißbiere (Weizenbock) als obergärige Sorte hier mit auf-genommen.

Ator 20 – Wuchtbrummator

3, 6, 8, 12, 19, 20, 50 und 100. Was zunächst fast wie die frischen Lottozahlen klingt, sind in wirklich die Zahlen, die sich bei den Craft Bieren der Privatbrauerei Riegele als Bestandteile der Biernamen auf den Etiketten finden. Und hier widmen wir uns der kräftigen 20 …

Der Bayer macht es sich einfach. Immer schon. Statt aufwendiger »Alkohol bewusst genießen« und »Don't drink and drive«-Hinweise auf dem Flaschenetikett hängt er dem Namen eines Bieres einfach ein -ator an, um auszudrücken: Obacht! Ist stark! Alle bayerischen Starkbiere heißen Irgendwas-ator – nur dieses nicht, das heißt einfach nur *Ator*. Das *Ator 20* ist ein untergäriger, dunkler Doppelbock, so selten wie köstlich: »Wie flüssiges Karamell, gepaart mit Röstaromen und leichter Alkoholnote«, beschreibt Brauereichef Sebastian Priller-Riegele den Geschmack. »Oder noch schöner: Es versüßt den Alltag!« Empfohlen sei dieses Bier zu Rindfleisch und kräftigem Käse.

Ator 20 · Doppelbock, 7,5 % Vol. · Riegele BierManufaktur · Frölichstraße 26 · 86150 Augsburg · Tel. (08 21) 3 20 90 · www.riegele-biermanufaktur.de · info@riegele-biermanufaktur.de

Wichtige Bierregel: Wenn auf einer Flasche irgendwas mit -ator steht, schenk dir kleine Schlucke ein.

41

Aventinus – Uroma Mathildes bestes Rezept

Eine Tragödie: 1905 stirbt Brauereichef Georg III. Schneider mit 35 Jahren und hinterlässt seine Frau Mathilde mit drei Kindern und einer schlecht laufenden Brauerei – Weißbier war damals nicht angesagt. Was das Ende von Schneider Weisse hätte werden können, entpuppte sich als ein Glücksfall: Die Witwe, die offiziell die Leitung an einen Schwager übergibt, lenkt die Geschicke der Brauerei, indem sie beim Sonntagsbraten Weisungen erteilt. Etwa die, ein ganzjährig verfügbares Starkbier zu brauen, einen Weizenbock. 1908 kommt so der *Aventinus* auf den Markt, bis heute ein Topseller: samtig weich, mit Aromen von reifen Bananen, Rosinen und Karamell. Der Tipp: Vanille-Eis mit Aventinus übergießen, löffeln!

Tap6: Mein Aventinus · Weizendoppelbock, 8,2 % Vol. · Schneider Weisse G. Schneider & Sohn · Emil-Ott-Straße 1–5 · 93309 Kelheim · Tel. (0 94 41) 70 50 · www.schneider-weisse.de · info@schneider-weisse.de

Ein Stück uralte, bayerische Brautradition: das Weiße Brauhaus

Ein Innovator und Bier-neu-Denker: Georg VI. Schneider, Chef von Schneider Weisse

Granitbock – Uralt,
aber total Avantgarde

*Peter Krammer hat in der Traditionsbrauerei Hofstetten in Ober-
österreich eine fast vergessene Biertradition wiederbelebt: das Stein-
Bier. Glühende Steinbrocken im Gärbottich verleihen seinem
Granitbock eine absolut einzigartige Karamellnote!*

Peter Krammer hätte nicht gedacht, das ihm das alles einmal so viel
Spaß machen würde. Als er den Familienbetrieb übernahm, lief es so lala,
die älteste Brauerei Österreichs war in einem desolaten Zustand. Was half,
war Humor! Mehr oder weniger aus Scherz braute Krammer 1998 ein Kür-
bisbier, das er auf einem Kürbisfest in Niederösterreich verkaufte – überra-
schend gut verkaufte. Das, erzählt der Braumeister, hatte er nicht erwartet,
war für ihn aber der Startschuss, seine Poleposition als kreativster der Kreativbrauer (österreichisch für Craft-Brauer) auszubauen.

Dabei hat Krammer nicht einfach den US-Brauern hinterher Pale Ales
und IPAs gebraut, sondern sein eigenes Portfolio neu gedacht. Da war zum
Beispiel dieses *Granitbier*, ein untergäriges, bernsteinfarbenes Bier, das in
Hofstetten seit 1929 gebraut wurde. Den Namen hatte es eigentlich nur
so. Weil das Mühlviertel geologisch gesehen viel mit Granit zu tun hat.
Peter Krammer war das zu wenig und er beschloss, ein »echtes« Granitbier
zu machen, einen *Granitbock*. Er braute eine kräftigere, dunklere Version
ein, füllte die Würze in Bottiche aus Granit und ließ sie dort auf acht Grad
herunterkühlen. Dann warf er glühende Granitsteine hinein. An deren heißer Oberfläche karamellisieren die Malzzucker und lösen sich erst nach und
nach während der Hauptgärung in diesen offenen Trögen wieder. Das Ergebnis: Ein sagenhaft karamelliges Bier mit Rosinen-, Honig- und Nussaro-
men. Klingt süß, ist es aber nicht, weil diese Noten von einer Hopfenbittere
abgebunden sind (der *Granitbock* wird mit Mosaic-Hopfen gestopft). Die
verschärfte Version ist der *Granitbock Ice*, ein Eisbock – mit noch mehr Alkohol, fleischigen Umami-Noten und, wie der Brauer sagt, einer »lässigen
Konsistenz«: fast ölig und dick.

Granitbock · Doppelbock, 7,3 % Vol. · Brauerei Hofstetten · Adsdorf 5 · 4113 St. Martin · Österreich ·
Tel. (+43) 7 23 22 20 40 · www.hofstetten.at · bier@hofstetten.at

Zischt, brodelt und macht Bier sehr besonders: ein glühender Granit-Brocken im Sud.

Sauerbiere

Genaugenommen ist »Sauerbier« kein Bierstil. Wir fassen hier unterschiedliche Biere zusammen, die – wer hätt's gedacht – sauer schmecken. Das einzig noch halbwegs bekannte deutsche Sauerbier ist die Berliner Weiße*, ein obergäriges Weizenbier, das mit einer bestimmten Hefe, der Brettanomyces, vergoren wird, die – gemeinsam mit Milchsäurebakterien – für die säuerliche Note verantwortlich ist. Die Weiße galt zu Napoleons Zeiten als »Champagner des Nordens«, büßte allerdings sehr an Popularität ein. Ein fast ausgestorbener Sauer-Stil ist die Gose, ursprünglich aus dem Osten Deutschlands.

* Alternativschreibung:
Berliner Weisse (= Wortmarke des
Berlin-Brandenburger Brauerbundes)

43

Onkel Herbert –
Weiße's coming home

Die Wahrscheinlichkeit, in Miami eine Berliner Weiße serviert zu bekommen, ist größer, als dass einem das am Alexanderplatz passiert. Die ist dann zwar nicht »Original«, weil eigentlich nur Berliner Weiße heißen darf, was in Berlin gebraut wurde. Aber das Rezept dürfte näher am Original sein, als alles, was am Alex ausgeschenkt wird. Phillip Roberts will das ändern.

Irgendwie, dachte sich Phillip Roberts, kann das doch nicht angehen. Ist doch verrückt, dass die Amerikaner bessere Berliner Weiße brauen als die Deutschen. Vor allem in Florida ist dieser Bierstil über alle Maßen beliebt. Klar, heißer Staat, leichtes Bier – das passt. Inzwischen spricht man gar von der »Florida Weiße«, wenn man die nahezu unverfälschte Abbildung eines der ältesten deutschen Bierstile meint – die Berliner Weiße mit dem unvergleichlichen Aroma der Brettanomyces-Hefe nämlich. Das ist, wenn es nach Phillip Roberts geht, der beste Biergeschmack überhaupt. In Deutschland war der einstige Unternehmensberater gelangweilt von Pils, Pils und Pils. Seine Bierliebe entdeckter er in den USA und Belgien. Sauer- und Brettanomyces-Biere, das ist sein Beat. Er sah sich um und stellte fest: Da ist noch Platz im Bierland Deutschland. So wagte der Familienvater trotz allem Ach und Uff und weiß-nicht-soll-ich-wirklich den mutigen Schritt in die Selbstständigkeit und gründete Onkel Bier. Seine ersten Biere hießen *Onkel Albert* (ein Saison mit Roggen) und *Onkel Herbert*, eine Weiße Berliner Art mit Rhabarberpüree vergoren. Letzteres gibt der knackigen Säure einen liebreizenden, fruchtigen Touch und macht das leichte Bier noch fröhlicher als die Berliner Weiße ohnehin ist.

Fragt sich, wie der Roberts das gemacht hat, mit dem Rhabarber und dem Reinheitsgebot und so. Easy: Er hat seinen Standortvorteil als Düsseldorfer genutzt und braut in Belgien – frei von 500 Jahre alten Auflagen und bei Brauern, die sich nicht vor funky Hefen wie der Brett fürchten.

Onkel Herbert · Rhabarber Weiße/Weiße nach Berliner Vorbild, 4,4 Vol. % · Onkel Bier · Am Wildpark 49 · 40629 Düsseldorf · Tel. (02 11) 17 60 91 02 · www.mein-onkel.de · phillip@mein-onkel.de

Mag's frisch und sauer: Phillip Roberts von Onkel Bier

Die Insel-Biere fallen mit ihrer aufwendigen Verpackung auf. Aber auch was drin ist, kann sich sehen, bzw. schmecken lassen. Bald wird auf Rügen auch gebrannt (unten).

Meerjungfrau –
Reift auf der Insel

Markus Berberich braut dort, wo andere Urlaub machen: Auf der Ostseeinsel Rügen. Er macht, wie er selbst sagt, »seltene Biere«. Bei ihm gibt es kein Pils und kein Helles – aber unter anderem zwei außergewöhnliche Sauerbiere, die wie Champagner in der Flasche reifen.

Bestimmt geht die Geschichte von der Craft Brauerei auf Rügen so, dass einer aus Langeweile anfing, Bier zu brauen. Erst hobbymäßig und dann, weil alle sagen, dass es schmeckt, professionell. Craft-Beer-Geschichten gehen oft so und auf Rügen haben die Leute ständig Langeweile, den ganzen Winter, wenn es fünf Monate nieselt und kein Tourist sich auf die Insel verirrt. – Stimmt aber nicht. Erstens ist das Wetter auf Rügen besser als man glaubt und zweitens hat Markus Berberich, Gründer der Insel-Brauerei, alles andere als Langeweile. Sechzehn Jahre war er Geschäftsführer der Braumanufaktur Störtebeker in Stralsund und hätte das weitere sechzehn sein können, wenn ihn nicht dieser Wunsch gepackt hätte, der Wunsch nach einer eigenen Brauerei. Wenn du das jetzt nicht machst, machst du es gar nicht mehr, dachte der Mittvierziger vor zwei Jahren und baute eine Brauerei in Rambin – eine ordentlich große mit einem 35-Hl-Sudhaus, in dem im Drei-Schicht-Betrieb Bier gebraut wird. Denn auch das dachte sich Berberich: Wenn du das machst, dann machst du es richtig.

Von hier gehen Monat für Monat 300 000 Flaschen Bier in die ganze Republik. Zwölf verschiedene Sorten, alle selten, alle besonders, aber manche ganz besonders besonders. Die *Meerjungfrau* etwa, ein natursaures Weizenbier. Knacksauer und fruchtig, zugleich feinperlig und elegant. Ersteres ist ein Verdienst der Milchsäurebakterien, zweiteres macht die Champagnerhefe. Berberich empfiehlt die *Meerjungfrau* als Aperitif. »Oder zu Elsässer Flammkuchen.« Für diejenigen, die so auf den sauren Geschmack kommen, hat der Inselbrauer einen Tipp: Das *Seepferdchen*, ein wildsaures Ale, geht noch einen Schritt weiter, ist sauer und herb zugleich – »und wirklich nichts für Anfänger«, lacht er.

Meerjungfrau · Sour Ale, 5,5 % Vol. · Rügener Insel-Brauerei · Hauptstraße 2c · 18573 Rambin auf Rügen · Tel. (0 38 06) 23 87 02 · www.insel-brauerei.de · mail@insel-brauerei.de

Framboise –
Dit ist Orijinal, wa

Beinahe wäre die Berliner Weiße ausgestorben. Stimmt nicht: Eigentlich war das Berliner Original schon tot. Doch dann traute sich ein junger Berliner Craft-Brauer an das ungewöhnliche, alte Sauerbier. Heute braut der Brewbaker Michael Schwab sogar eine Variante in Rosé.

Wenn Michael Schwab am Sudkessel steht, rettet er die Bierwelt. Zumindest meistens und ein bisschen. Der Gründer der Brauerei Brewbaker war der erste deutsche Craft-Beer-Brauer, der eine Original Berliner Weiße braute. Original, weil made in Berlin. Und original, weil mit Brettanomyces vergoren. Das hat es in Berlin eine ganze Weile nicht gegeben. Bereits um die Wende vom 19. zum 20. Jahrhundert wurde die Berliner Weiße von untergärigen Bieren verdrängt. Nach 1945 war sie kaum mehr als ein Spaßgetränk, das mit Cocktailschirmchen angeboten wurde. Später tranken nur noch Touristen die Berliner Weiße mit Sirup in quietschgrün oder rot. Kein Wunder, dass Berliner Brauereien der Weißen immer weniger Bedeutung zumaßen. Zuletzt vereinfachte Radeberger das Rezept der Kindl Weiße und strich die Brettanomyces. Da war's, vorbei mit dem Original.

2010 bekommt der Berliner Michael Schwab eine fünfzig Jahre alte Flasche Weiße in die Hände und ist von diesem »champagnösen Erlebnis«, wie er sagt, begeistert. So etwas kann man doch nicht verschwinden lassen! Also beginnt er, eine echte Berliner Weiße zu brauen, schön hellgelb und sauer, aber nicht so, dass es einem alles zusammenzieht. Mittlerweile braut er davon 140 Hl im Jahr. 20 Hl lässt er im Tank mit frischen Himbeeren vergären. Das Ergebnis: Ein elegantes, roséfarbenes Bier, dessen Säure einen tollen Twist ins Fruchtige bekommt, was sie auch für Nicht-Sauerbierfans extrem attraktiv macht. Ein hervorragender Aperitif, eine Alternative zum Roséchampagner (wirklich!). Der Brauer selbst trinkt dieses Bier am liebsten zu Ziegenkäse – und immer, wenn er den ganzen Hopfen der IPAs und Pale Ales und so weiter ein kleines bisschen über hat.

Berliner Weiße vs. Framboise · Berliner Weiße, 5 % Vol. · Brewbaker · Sickingenstraße 9-13 · 10553 Berlin · Tel. (0 30) 34 54 04 00 · www.brewbaker.de · info@brewbaker.de

Braumeister Michael Schwab beim innigen Blick in den Braukessel

Berliner Weiße – mit Schuss, aber dem Richtigen

Eine der jüngsten Berliner Brauereien hat sich einem der ältesten Stile der Stadt angenommen und eine schön schlanke *Berliner Weiße* gemacht, in der die zitronige Lactobazillus-Säure dominiert. »Sie ist ziemlich sauer«, sagt Katharina Kurz, eine der BRLO-Gründerinnen, »aber man gewöhnt sich daran. Bitte nach dem ersten Schluck nicht aufgeben! Irgendwann verliebt man sich nämlich!« Außerdem hat die Wahlberlinerin noch einen Tipp: »Wir empfehlen sie aber auch gerne als klassisches Herrengedeck, nämlich mit Kümmelschnaps. Das nennt man auch Berliner Weiße mit Strippe und ist eine alte Berliner-Tradition.« Und wirklich ziemlich lecker.

Berliner Weiße · Berliner Weiße, 4 % Vol. · BRLO · Schöneberger Straße 16}
10963 Berlin· Tel. (0 30) 55 57 76 06 · www.brlo.de · info@brlo.de

Gestatten, die BRLOs: Michael Lembke, Katharina Kurz und Christian Laase

Geisterzug Rhubarb – von fast weg zu everybody's darling

Gose ist seit einiger Zeit das Darling-Bier der US-Craft-Brauer. Sebastian Sauer sieht das mit gemischten Gefühlen: Er liebt Gose, sehr sogar. Aber dass die nun schon fast ein bisschen Mainstream ist …!? Nun ja. Er jedenfalls hat bereits 2011 das säuerliche, urdeutsche Bier aufleben lassen und seinen *Geisterzug* gebraut, das Basisbier der fruchtvergorenen Varianten *Geisterzug Quince* und *Geisterzug Rhubarb*: »Quitte ist sehr viel lieblicher und das Fruchtaroma subtiler«, beschreibt der Brauer die beiden Biere. »Der Rhabarber, das Supergemüse in meiner Gegend, kommt plakativ und säuerlich.« Oder auch: Belebend und beerenaromatisch, die erste Wahl der Autorin.

Geisterzug Rhubarb · Gose, 5,2 % Vol. · Freigeist Bierkultur · c/o Bierkompass · Diepenlinchener Str. 20 · 52224 Stolberg · Tel. (0 24 02) 75 38 0 · www.facebook.com/freigeistbierkultur/ · info@bierkompass.de

Der Brauer Sebastian Sauer auf einem Berg Arbeit, äh, Malz

Hier braut Sebastian Sauer viele seiner Freigeist-Biere.

Abraxxxas – Erwachte Bierleiche

Sebastian Sauer kann Tote zum Leben erwecken. Tote Biere. Für seine Rekonstruktionen historischer Biere ist der Rheinländer weltberühmt. Ernsthaft: Freigeist Bierkultur ist in der US-Craft-Szene ein »household name«. Angefangen hat alles mit einem Lichtenhainer, sauer-rauchig, neu und uralt zugleich.

Jeder Jeck ist anders. Manche glotzen Netflix, Sebastian Sauer liest in seiner Freizeit alte Bierbücher. Olle Schinken mit komischer Schrift und noch komischeren Bieren. *Lichtenhainer*, zum Beispiel. Ein, so steht da, obergäriges, helles, säuerlich und zugleich rauchiges Bier. Klingt eigentlich lecker, ist aber irgendwie zwischen die Räder der Biergeschichte geraten und vom deutschen Markt verschwunden. 2009 probiert Sebastian Sauer, damals 22 Jahre jung, gemeinsam mit Peter Esser in der Helios Braustelle in Köln-Ehrenfeld (siehe Seite 61), was passiert, wenn man ein solches verschwundenes Bier mit modernen Mitteln nachbraut. »Wir haben überlegt, wie dieser Stil schmecken würde, wenn er fortgeführt worden wäre«, erklärt Sauer. »Wir verwenden keine alten Qualitäten, nur um historisch authentischer zu sein. Sprich: Alte Malzqualitäten aus dem 19. Jahrhundert zu rekonstruieren, wo irgendwelche Kornblumen drin waren, macht für uns keinen Sinn.« Sein erstes zum Verkauf gebrautes Bier nennt er *Abraxas*, ein milchsauer-rauchiges und mit knapp vier Prozent sehr leichtes Bier. Nicht unbedingt für Craft-Einsteiger. »Um das zu mögen, muss man zumindest ein bisschen an naturgesäuerte Produkte gewöhnt sein«, sagt er, Sauerkraut, Eingemachtes, solche Sachen. »Und es hilft, wenn man schon mal eine Original Berliner Weiße getrunken hat.« Sauer, ohne Frage einer der kreativsten Brauer Deutschlands, hat mittlerweile viele Abwandlungen des Lichtenhainer gebraut, allen voran die XXL-Version, das *Abraxxxas*. Mit sechs Prozent Alkohol deutlich fülliger und herzhaft smokey. Spannend sind auch die beiden Varianten *Apfel* und *Birne*, die mit Saft vergoren sind und damit weniger bissig und mehr fruchtsauer schmecken.

Abraxxxas · Lichtenhainer Weiße · 6 % Vol. · Freigeist Bierkultur · c/o Bierkompass · Diepenlinchener Straße 20 · 52224 Stolberg · Tel. (0 24 02) 75 38 0 · www.facebook.com/freigeistbierkultur/ · info@bierkompass.de

Gose –
Yes he can!

Dosenbier hat in Deutschland immer noch einen schlechten Ruf. Sauerbier irgendwie auch. Doch das hat Fritz Wülfing nicht abgehalten, eine hervorragende, saure Gose in eine hübsche Silberdose zu füllen. Auf den mutigen Selfmade-Brauer!

Fritz Wülfing ist ein Pionier auf ganzer Linie. Er war einer der ersten deutschen Craft Brauer überhaupt, fing vor mehr als zehn Jahren an, damals verrückt scheinende Biere (IPA, Red Ales usw.) in seinem Gartenhaus in Bonn zu brauen. Seine Geschichte ist wie die Geschichte von Craft Beer: Gelangweilt von 08/15-Bieren braut er, neben seinem Job als Ingenieur bei der Telekom, hobbymäßig Bier. Das klappt erst nicht so und dann immer besser und schließlich haut der Familienvater Wochenende für Wochenende mehr Bier raus, als ein Mann in seinem Leben je trinken könnte. Schließlich beginnt Wülfing, dieses Bier zu verkaufen. Jahrelang braut er – immer noch nebenberuflich – als Gypsy-Brauer, inzwischen ist er sesshaft geworden mit seiner eigenen Brauerei in Bonn-Beuel.

Und dann ist Wülfing ja auch noch ein Pionier, weil er der erste ist, der deutsches Craft Beer in Dosen füllt. Die Dose, so der Brauer, ist eine hervorragende Bierverpackung: hygienisch, leicht, luft- und lichtdicht. Die Gose in der Dose kann man so zum Beispiel wunderbar zu einem Ausflug an den See mitnehmen. Da passt sie hin: leicht, knackig, »frisch und lustig«, wie Fritz Wülfing findet. »Die *Ale-Mania Gose* ist weniger sauer als normale Goses und ich braue sie mit mehr Koriander. Weniger sauer ist gut für deutsche Biertrinker, da sie die sauren Biere noch lernen müssen und viel Koriander macht viel Aroma.« Ein bisschen schmeckt Wülfings *Gose* wie ein Weizenbier, aber ohne die typische Bananennote, dafür manchmal nach Marzipan. Manchmal, weil die Hefe bei manchen Suden so frei ist, ein zartes Marzipanaroma zu zaubern. Manchmal aber halt auch nicht, sagt Wülfing fröhlich achselzuckend, aber so ist das, ist halt »craft«.

Gose · Gose, 5,1 % Vol. · Ale Mania · Alaunbachweg 10 · 53229 Bonn · www.ale-mania.de · ale-mania@t-online.de

Fritz Wülfing, der sich das Brauen mehr oder weniger selbst beigebracht hat, bei der Arbeit, die einst mal nur sein Hobby war.

50 Badisch Gose –
Gose goes West

Uraltes Familienrezept? Lokale Biertradition? Warum sonst sollte eine 260 Jahre alte Privatbrauerei einen vergessenen Bierstil wiederbeleben. Nun: Weil sie einen umtriebigen Brauerei-Junior und einen begeisterungsfähigen Brauer hat, etwa. Als Max Spielmann ein Praktikum im elterlichen Betrieb machte, lag er Braumeister Stephan Dück in den Ohren, mal so ein Gose zu brauen. Man muss wissen, dass dieser Stil im Westen Deutschlands Null Tradition hat und die Idee, als Traditionsbrauerei absichtlich saure Biere zu brauen, geradezu absurd scheinen musste. Aber: Der Dück machte mit und sie schufen eine milde Gose, moderat sauer, nur leicht salzig, mit einem weichen Weizenmalzkörper und Citra-gestopft.

Badisch Gose · Gose, 4,6 % Vol. · Welde Braumanufaktur · Brauereistraße 1 · 68723 Plankstadt · Tel. (0 62 02) 93 00 10 · www.welde.de · info@welde.de

Von wegen Weinkeller: So sieht ist in der Weldebrauerei aus.

Das Badisch Gose paart nicht nur eine gewisse Süße mit moderater Säure, sondern auch noch Bananen- und Zitronennote mit einem Hauch Koriander.

Doppel
& Tripel

Mönche wussten immer schon was gut ist. Früh entstanden europaweit in Klöstern Brauereien (Augustiner, Franziskaner, Paulaner). In Belgien entwickelte sich so ein ganzer Stil, die belgischen Abteibiere. Dazu zählen auch Dubbel und Tripel, malzbetonte, obergärige Biere, die durch die Zugabe von Zucker eine Extra-Gär-Runde drehen und eine komplexe Trockenobst-Rosinen-Note haben. Das dunklere Dubbel (Prototyp: Westmalle Dubbel) hat um 7 % Vol., das Tripel um 8,5 oder gar 9 % Vol. (das in der Craft-Szene berühmteste kommt übrigens aus den USA: Golden Monkey von Victory Brewing). Die ultimative Steigerung wäre dann noch das Quadrupel (bis 13 % Vol.).

Letzte Ölung –
Treffen sich zwei Belgier

Am besten beschreibt man die *Letzte Ölung* wohl einfach als ein »belgisches Bier«. Genau genommen ist das warm-braune Bier nämlich ein Hybrid aus zweierlei Stilen des bierberüchtigten Nachbarlandes, aus einem Wit (mit Orangeschalen und Koriandersamen) und einem Dubbel oder Trappistenbier (mit der typisch-belgischen Abbey-Hefe): kräuterig mit feinen und irgendwie gelb schmeckenden Fruchtnoten (das war die Hefe!) und ein schön runder, süßlicher Malzkörper. Ein einigermaßen komplexes Bier und damit ein feiner Speisenbegleiter, wie der Braumeister Thorsten Schoppe findet. Passt genauso zu Fleischgerichten wie zu schokoladigen Desserts.

Letzte Ölung · Belgian Double, 6 % Vol. · Schoppe Bräu c/o Pfefferbräu · Schönhauser Allee 176 · 10119 Berlin · Tel. (01 70) 43 42 19 86 · www.schoppebraeu.de · info@schoppebraeu.de

Aus »Flasche leer« macht diese Maschine schnell »Flasche voll«.

Baltic Triple –
Absacker auf französisch

Wenn jemand überlegt »Was ist das nur? Ich kenne den Geschmack, aber komme nicht drauf«, dann gibt Markus Berberich gern diesen Tipp: »Denk doch mal: Frankreich, Abendsonne, Boulespieler im Schatten einer Platane – was trinken die?« Ha! Pastis! Dieses wundervolle Wonne-Bier schmeckt nach Pastis! Weil es mit Anis eigebraut ist. »Ein so starkes Bier verträgt eine Gewürznote«, sagt der Braumeister, »es ist der Digestif unter den Bieren.« Damit sollte das Rügener Baltic Tripel auch das letzte Bier am Abend sein. »Nach einem schönen Essen, vielleicht mit einem kleinen Stück Bergkäse, garantiert es eine gute Nacht«, verspricht Berberich.

Baltic Triple · Belgian Style Tripel, 9,5 % Vol. · Rügener Insel-Brauerei · Hauptstraße 2c · 18573 Rambin auf Rügen · Tel. (0 38 06) 23 87 02 · www.insel-brauerei.de · mail@insel-brauerei.de

Die Insel-Brauerei hat einen sehr schönen Taproom auf Rügen.

Markus Berberich (rechts) und ein Teil seines Teams

Wit Bier (Bière Blanche)

Im Grunde ist Wit der belgische Entwurf eines Weizen – nur doch ganz anders. Belgische Brauer verwenden stets einen gewissen Anteil unvermälzten Weizenmalzes (was in Deutschland ein Verstoß gegen das Reinheitsgebot wäre) und würzen das erfrischende, leichte und cremighelle Bier mit Koriandersamen und Orangenschalen (und wieder: Reinheitsgebot!). Witbier, oder auch Bière Blanche, hat nie mehr als 5,5 % Vol. und ist ein hervorragendes Bier zu Sushi und anderen Meeresfrüchtegerichten. Prototyp ist das Hoegaarden – wenngleich die belgische Brauerei mittlerweile zum AB InBEV-Konzern gehört.

Moby Wit – der leichtfüßigste Wal der Welt

Ian Pyle entdeckte seine Liebe für belgische Biere in … Philadelphia?
Ja, lacht der Amerikaner, in der US-Craft-Szene sind belgische Biere ein ziemlicher Renner. Als Braumeister der Hamburger Brauerei Ratsherrn lebt Pyle diese Liebe nun mit diesem im ersten Moment erfrischenden und im zweiten extravaganten Wit aus: Klar, das Zitronige, das machen die Koriandersamen. Die Orangenschale erkennt man auch. Aber was ist das da noch? Floral und leichtfüßig, irgendwie. Das ist Pyle-Style: Er würzt sein Wit mit Kamillenblüten und zieht einen Teil des Suds ab, vergärt ihn mit Milchsäure und mischt das subtil Säuerliche wieder unter. Dazu empfiehlt der Braumeister Moules Frittes.

Moby Wit · Witbier, 5,1 % Vol. · Ratsherrn Brauerei · Lagerstraße 30a · 20357 Hamburg · Tel. (0 40) 38 07 28 92 · www.ratsherrn.de · info@ratsherrn.de

![Blick in die stattliche Ratsherrn Brauerei im Hamburger Schanzenviertel]()

Blick in die stattliche Ratsherrn Brauerei im Hamburger Schanzenviertel

54

Kuehnes Blondes – Mut tut gut

Natürlich hängt der Erfolg eines Craft Brauers davon ab, ob sein Bier schmeckt. Superwichtig ist aber auch, dass dieses gute Bier einen guten Namen hat, fand Wendelin Quadt und entschied sich für einen ebenso kuriosen wie einprägsamen Namen seiner Brauerei: Kuehn Kunz Rosen.

Wendelin Quadt hat einmal die Reset-Taste gedrückt. Für sein Leben. Lang war er Manager im IT-Business, dann war irgendwann die Luft raus. »Das war mir nicht mehr spannend genug und ich hatte so Abnutzungserscheinungen, die ich von mir eigentlich nicht kannte.« Er überlegte, in seiner Branche zu bleiben und sich dort einen neuen Job zu suchen, entschließt sich dann aber für den kompletten Neustart. »Bier war bis dahin ein liebes Hobby gewesen«, sagt er. Warum das nicht zum Beruf machen? Das ist natürlich eine rhetorische Frage. Es gibt tausend gute Gründe, das nicht zu tun, aber Wendelin Quadt macht es trotzdem. Ziemlich mutig. Kühn geradezu. Deshalb, so der Mainzer, passt auch der Name seiner Biermarke, Kuehn Kunz Rosen, so gut zu ihm: »Mit über 50 nochmal so einen Schritt zu gehen und etwas ganz anderes anzufangen …« Die Idee für diesen Namen kam ihm, als er über Kunz von der Rosen las, Hofnarr des deutschen Königs Maximilian I., der um 1500 herum lebte. »Der hat mir gefallen. Der war nämlich intelligent und mutig – und der war kühn.« Nach einigen Jahren als Gypsy-Brauer baut Quadt nun eine eigene Brauerei in Mainz.

▶ **»Ich trinke das Kuehne Blonde zum Erfrischen, am Grill, wenn das erste Grillgut darauf kommt und zu einem schönen Fisch oder Sushi. Da passt das Wit perfekt.« – Wendelin Quadt**

Das erste Bier, das Quadt auf den Markt brachte, verstieß ganz kühn auch gleich mal gegen das Reinheitsgebot: Belgisches Wit wird traditionell mit Orangenschalen und Koriandersaat gebraut, bei Kuehn Kunz Rosen verfeinern sie es außerdem mit Paradieskörnern. Diese leichte Pfeffrigkeit tut dem Malzkörper sehr gut und vertreibt auch das letzte bisschen Bräsigkeit. Und dann auch noch diese feine Perlage… tolles Bier!

Kuehnes Blondes · Belgisches Wit, 4,9 % Vol. · Kuehn Kunz Rosen · Agnes-Karll-Straße 3 · 55122 Mainz · Tel. 01784141674 · www.kuehnkunzrosen.de · info@kuehnkunzrosen.de

Wendelin Quadt (oben) ist ein Bier-Quereinsteiger, sein Partner Hans Wägner (unten) hingegen hat Brauwesen sogar studiert.

Saison (Farmhouse Ale)

Dieses belgische Bier wurde früher nur in den Wintermonaten gebraut, wenn die Farmarbeiter, die »Saisoniers«, weniger Arbeit in den Feldern zu erledigen hatten. Getrunken haben sie es dann in den Arbeitspausen frühlings und sommers, weswegen das Ur-Saison sinnigerweise auch nur wenig Alkohol hatte. Die modernen Interpretationen hauen da schon mehr auf den Putz. Ihr Aroma ist vor allen Dingen von der Saison-Hefe geprägt, die fruchtige Ester (Äpfel, Aprikosen, ein bisschen Gewürznelke) produziert. Dazu passt eine gewisse Pfeffrigkeit, die sowohl der Hopfen als auch Kräuter und Gewürze mitbringen können.

Das ist, was mit »microbrewing« gemeint ist: Matt Walthall (unten) in der wirklich kleinen Berliner Vagabund-Brauerei

Szechuan Saison – Ich das Genie. Und die anderen

Eine der ersten Berliner Craft Brauereien wurde von drei Amerikanern gegründet, die kreativ und reinheitsgebotsfremd ans Werk gingen. Viele ihrer wilden Biere sind nur saisonal verfügbar – kommt einem mal das Szechuan Saison unter, sollte man auf jeden Fall schnell zuschlagen. Die Wahrscheinlichkeit ist im Berliner Brewpub der Vagabunden am größten.

Für ungefähr 15 Minuten hielt Matt Walthall sich selbst für ein Genie: »Ich war dabei, ein Wok-Gericht zu kochen, zerrieb Szechuan Pfeffer und Koriandersamen in einem Mörser und überlegt vor mich hin, wie gut dieses Aroma sich mit dem einer Saison-Hefe machen würde«, erzählt der Wahlberliner. »Was für eine grandiose Paarung von Gewürzen – und dann noch der Name: *Szechuan Saison*. Das klang super.« Kurze Internetsuche und klar war, dass mindestens drei Brauereien bereits Szechuan Saisons brauten.

Zum Glück hielt das ihn und seine Mitstreiter David Spengler und Thomas Crozier nicht davon ab, ihre Version auf den Markt zu bringen. Dazu gaben sie eine erste Ladung Koriandersaat direkt nach dem Würzekochen zu ihrem Saison. Eine zweite kam später zusammen mit dem gemahlenen Szechuan Pfeffer in einer Art Teebeutel in den Gärtank und blieb dort eine Woche lang. Kurzer Einschub aus der Rubrik unnützes Wissen: Szechuan ist trotz seines irreführenden Namens kein Pfeffer, sondern eine Beere und nicht scharf im Pfeffer-Sinne. (Wer ein Bier will, das auf der Zunge bitzelt, sollte das Vagabund *Coco Chili Stout* probieren.) Die Mengen an verwendeten Gewürzen sind eigentlich gering, 0,3 Gramm pro Liter Bier – aber das Ergebnis ist überwältigend: Das Szechuan Saison ist cremig orange, hat eine tolle Kräuter-Nase und ein schönes, beschwingendes Zitronengras-Aroma (dürfte wohl vom Koriander kommen). »Ich trinke dieses Bier, das nun mal ein Sommerbier ist, am liebsten an einem schönen Sommerabend«, so der Brauer. »Wir haben hier um die Ecke des Taprooms einen guten Chinesen und ein Szechuan-Gericht zum Mitnehmen von dort mit dem *Szechuan Saison* auf den Bänken vor unserem Laden – das ist super!«

Szechuan Saison · Saison, 5,2 % Vol. · Vagabund Brauerei · Antwerpener Str. 3 · 13353 Berlin · Tel. (0 30) 52 66 76 68 · www.vagabundbrauerei.com · info@vagabundbrauerei.com

St. Erhard Saison –
Sauvignon Bier

Moment mal, dachte der Weintrinker und schnüffelte tief ins Bierglas. Diesen Geruch kenne ich! Das riecht doch eins a wie ein Sauvignon Blanc! So blumig und nach Frühling. Verantwortlich dafür ist die Hopfensorte Nelson Sauvin. Die heißt nicht ohne Grund wie die Rebsorte. Im fränkischen Saison des Craft Labels St. Erhard, unter dem Christian Klemenz als Gründer und David Hartl als Braumeister Biere bei der Brauerei Rittmayer in Hallerndorf brauen, kommen deren Aromen in Ergänzung zu einer kernigen Malznote schön zum Ausdruck. »Ein kräftiges, dunkles Landbier mit der Eleganz und Trockenheit eines Weißweins«, beschreibt Klemenz sein Bier.

St. Erhard Saison · Saison, 6,5 % Vol. · St. Erhard · Hafenstraße 13 · 96052 Bamberg · Tel. (09 51) 30 17 83 89 · www.st-erhard.com · info@st-erhard.com

Das Saison (links) und Brüder aus der St.-Erhard-Familie

Christian Klemenz gründete St. Erhard und auch die Craft-Beer-Shop-Kette Bierothek.

57

Saison Vieille – die Mädels und er

In einem idyllischen Skiort der Französisch-Schweizer Alpen braut Raphaël Mettler avantgardistische Biere: komplexe Wein-Bier-Hybriden, knacksaure Brett-Ales und eine ganze Reihe außergewöhnlicher Saisons. So wie dieses knackig-saure, fassgelagerte Saison Vieille.

Hinter jedem erfolgreichen Craft-Brauer, steht eine Frau, die den Wahnsinn unterstützt. Oder, wie in Raphaël Mettlers Fall sogar drei. »Ich habe meine Brauerei nach den drei Damen bei mir zu Hause benannt: Meine Frau und unsere beiden Töchter.« Die mussten schließlich mitgehen, als Mettler beschloss, alles auf die Bierkarte zu setzen: Der Schweizer verkaufte seine Sportartikelfirma und gründete eine Brauerei in seinem Heimatort Sainte Croix in der französischen Schweiz, einem Wander- und Skigebiet auf dem Balcon du Jura. Am Anfang hatte Mettler mit all den Problemen zu kämpfen, die deutsche Craft-Brauer außerhalb der Hip-Viertel Berlins auch kennen: Die Mehrheit der lokalen Biertrinker mag nur Lager und das bitte-schön billig. Mettler aber wollte besondere Biere brauen, spannende Sachen. So wie er das aus seiner Zeit in den USA und Kanada, wo die Familie ein Jahr gelebt hatte, kannte. Seine Strategie: Wenn es in Sainte Croix nicht genug Kundschaft für diese Biere gibt, dann müssen sie eben ein bisschen weiter reisen. Heute verkauft er 80 Prozent seines Biers anderswo. Der Brewpub in Sainte Croix ist trotzdem immer gut besucht.

Über die Jahre wurden Saisons zu Mettlers Steckenpferd. »Es ist mein liebster belgischer Bierstil«, sagt er, »besonders wenn sie sauer oder hopfig sind.« Ein besonderes Kunstwerk ist das *Saison Vieille*. Dieses Bier ist quasi drei-in-einem: »Strong Sour Ale aged in Sherry Barrels« steht darauf. Den Sherry hat man schnell in der Nase, das Saure ist da, kaum dass das Bier die Lippen berührt. Und dabei bitzelt das Bier unaufhörlich und bis zum letzten Schluck. Wie Champagner. Nur die 7,5 % Alkohol, die würde man im Leben nicht raten, so leichtfüßig und erfrischend wie das Schweizer Bier schmeckt.

Saison Vieille · Barrel aged Saison, 7,5 % Vol · Brasserie Trois Dames · Rue de France 1 · 1450 Sainte-Croix VD · Schweiz · Tel. (+41) 2 44 54 43 76 · www.brasserie3dames.ch

Der Schweizer Raphaël Mettler entdeckte gutes Bier in Kanada für sich.
Zu Hause in der Schweiz gründete er die Brasserie Trois Dames.

58

Brügge –
ein Brügge, Digger, büdde

Im Grunde macht Buddelship zwei Bier-Sortimente: Unter »Heimatha-fen« braut Simon Siemsglüss deutsche Bierstile (Pils, Weißbier etc.), »Auf See« sind internationale Biere, ein IPA, ein Baltic Porter – und eben auch ein ziemlich hervorragendes belgisches Saison, das etwas Zitrusfruchtiges hat und etwas Würziges aus der Richtung Gewürznelke. »Ich schmecke Getreide mit einem Hauch Weißwein«, sagt der Brauer, der dieses Bier zu Bratfisch empfiehlt. Das *Brügge* hat seinen Namen von geschichtlichen Banden zwischen der Hansestadt Hamburg und der Hafenstadt Brügge – »und weil für uns Hamburger der Name Brügge extrem locker von der Zunge geht«, so Siemsglüss.

Brügge · Saison, 5,6 % Vol. · Buddelship Brauerei · Warnstedtstraße 16 L · 22525 Hamburg · Tel. (0 40) 54 80 98 00 · www.buddelship.de · info@buddelship.de

Simon Siemsglüss wirft einen kritischen Blick ins Glas.

Abgefüllt und verkronkorkt werden sämtliche Biere der Buddelship-Brauerei im Heimathafen Hamburg. Auch die der Serie »Weite Welt« (unten)

Porter

Das Porter ist der Ursprung aller untergärigen, dunklen Biere.
Porter war das, was die Engländer gegen Ende des 17. Jahrhunderts unter Bier verstanden. Benannt war es nach einer besonders
potenten Konsumentengruppe, den »porters«, den Londoner
Hafenarbeitern. Das Original Porter war immer ein bisschen
sauer, weil es in Holzfässern lagerte und eine Infektion mit
Brettanomyces schier unvermeidlich war. Heute sind wenige Porter eindeutig sauer, der mittelstarke Bierstil (5–6,5 % Vol.) wird
sehr kreativ interpretiert. Oft setzen Craft-Brauer dem Röstmalzkörper mit seinen typischen Schoko-Kaffee-Noten eine deutliche
Hopfenbittere entgegen.

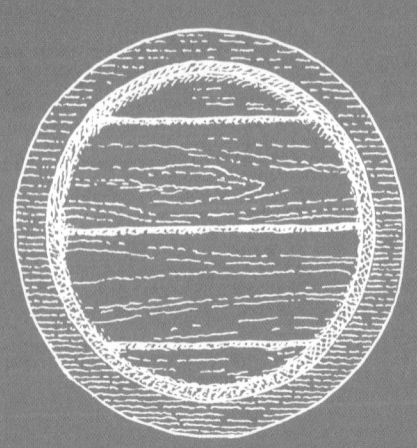

Das Brauhaus Riedenburg, hier ein Blick ins Sudhaus (oben), ist über 200 Jahre alt und trotzdem was seine Bier angeht total Avantgarde.

Dolden Dark –
Wie es ihr gefällt

Maximilian Krieger, Junior des niederbayerischen Brauhaus in Rie-
denburg, hat ein Bier für seine Frau Katrin gebraut, die sehr genau
weiß, was sie will. Und siehe da: Es ist ein herausragend gutes Bier
geworden! Fast wie eine Tafel Schokolade, sagt der Brauer.

Das Dolden Dark ist der flüssige Beweis dafür, dass eine wesentliche
Grundregel für ein erfolgreiches, glückliches und zufriedenes Männerleben
die ist: Hört auf eure Frauen! 2009 machte sich Maximilian Krieger mit seiner
Familie auf gen Süden. Der Brauersohn aus Niederbayern wollte Erfahrungen
in einer italienischen Craft-Brauerei sammeln. Auf ihrem Weg in die neue Heimat machten die Kriegers Station bei Giovanni Campari in der Birrificio del
Ducato nahe Parma. »Meine Frau Katrin war hin und weg von seinem Bier
Sally Brown, einem Stout«, erzählt Max Krieger. Und so entstand auf ihr Drän-
gen hin die Idee zum *Dolden Dark*, einem breitbrüstigen Porter. »Mit den Vor-
gaben, es müsse nach italienischem Espresso und Zartbitterschokolade
schmecken, schön rund und cremig, und auf keinen Fall nach verbrannter
Brotrinde.« Max hielt sich daran (so sollt ihr's tun, Männer!), und heraus kam
dieses schöne und immer-wieder-gute, tiefdunkle Porter.

Als Max nach drei Jahren Craft-Brewing in Italien ins Altmühltal zurückzog
und in der Brauerei seines Vaters einstieg, wollte er da Craft brauen. Sein
Vater sei dem gegenüber von Anfang an aufgeschlossen gewesen. Max überlegt kurz, ob er das eigentlich erstaunlich findet. Ein bisschen vielleicht, aber
Michael Krieger ist ja selbst auch ein Pionier: Er war einer der ersten Braue-
reibesitzer, der sich auf die Verwendung besonderer Getreidesorten spezia-
lisierte, alte Sorten wie Einkorn oder Emmer (das Riedenburger Emmer-Bier ist
bis heute ein Bestseller). Und Michael Krieger setzte früh auf bio und erschloss
damit neue Märkte. Biere aus dem Riedenburger Brauhaus gibt es in Biosu-
permärkten deutschlandweit – auch das *Dolden Dark*, by the way. Wenige
deutsche Craft Biere sind so flächendeckend und unkompliziert zu haben.

Dolden Dark · Porter, 6,9 % Vol. · Riedenburger Brauhaus · Hammerweg 5 · 93339 Riedenburg ·
Tel. (0 94 42) 9 91 60 · www.riedenburger.de · info@riedenburger.de

60 Captain Blaubeer – same same but different

Nichts spricht dagegen, ein gutes Bier noch besser zu machen: Kolja Gigla und Alexander Herold packten ihr Baltic Porter Hafensänger einfach nochmal ein paar Wochen in den Tank – mit einer ordentlichen Ladung Comet-Hopfen. Das Ergebnis erinnert ein bisschen an ein gelungenes Black-IPA.

Das Wort »Baltic« lässt schon vermuten: Hier geht es frostig zu. Baltic Stouts und Baltic Porter sind die etwas unterkühlten, großen Schwestern von Stout und Porter. Sie sind bis heute im Ostseeraum, im Baltikum eben, recht populär; sie werden im Gegensatz zu den Originalen mit untergärigen Hefen vergoren. Die geben den Bieren ein etwas anderes, oft klareres Geschmacksprofil. Ale-Hefen neigen dazu, beim Zuckerfressen und Alkoholproduzieren allerlei Phenole und Ester und Zeug loszuwerden, Lagerhefen nicht ganz so sehr. Die Hannoveraner Jungs von der Mashsee Brauerei haben mit ihrem Baltic Porter, dem *Hafensänger*, schon einen ganz ansehnlichen Wurf gelandet – haben dann aber noch einen draufgelegt und das Bier mit Comet-Hopfen gestopft. »Wir waren beim *Hafensänger* von der angenehm leichten Trinkbarkeit überzeugt und dachten, mit entsprechender Kalthopfung eine echt Alternative zu den aus unserer Sicht häufig zu intensiv bitteren Black IPAs schaffen zu können«, sagt der Braumeister Kolja Gigla. Und: »Ich finde das ist ganz gut gelungen.« Stimmt: *Captain Blaubeer* (angelehnt übrigens mehr an Captain America als an Käpt'n Blaubär) ist ein herrlich dunkel-röstiges Bier, das aber durch dieses Stopfen mit einem Hopfen, der für sein frisch-grasiges Aroma bekannt ist, schön helle, leicht fruchtige Noten bekommt. Die setzen sich wie lauter kleine i-Tüpfelchen auf den Geschmack. Und außerdem sehr schön an diesem Bier: Es hat relativ wenig Kohlensäure, fachdeutsch würde man von einer »moderaten Karbonisierung« sprechen. Das hilft, es smooth und weich die Kehle runterfließen zu lassen.

Captain Blaubeer · Baltic Porter, 6,1 % Vol. · Mashsee Brauerei GmbH & Co. KG · Am Eisenwerk 17 · 30519 Hannover · Tel. (05 11) 37 02 29 74 · www.mashsee.de · info@mashsee.de

Erklärung des Namens Mashsee: Kolja Gigla (links) und Alexander Herold (rechts) am Maschsee (oben); eine Schaufe voll Maische, englisch »mash« (unten)

Mild Porter –
ein Reisemitbringsel

When in Rome, do as the Romans do. Und in Dublin? Genau! Mach's wie die Iren, trink Porter. Michael Sturm hat sich daran gehalten und ist dem dunklen Bier verfallen. Für ihn keine Frage, dass sein gemeinsam mit befreundeten Meisterschülern gebrauter Meistersud zum Abschluss der Braumeisterausbildung ein Porter sein sollte. Ein Honey-Porter, das als Vorlage für das *Mild Porter* dient, das der Chef einer Traditionsbrauerei in Landau unter seiner Craft-Marke Mikes Wanderlust braut. Ein röstaromatisches, gemäßigt bitteres Bier, das nach Zartbitterschokolade und Kaffee duftet – auch wenn weder das eine noch das andere drin ist (Bayern! Reinheitsgebot!). Pro-Tipp: *Mikes World Barrel Tour*. Dafür hat er einen dunklen Doppelbock in Holzfässern (Bourbon, Tequila, Rum usw.) reifen lassen.

Mild Porter · Porter, 6,1 % Vol. · Mikes Wanderlust c/o Brauerei Krieger · Michael Sturm · Hauptstraße 88 · 94405 Landau/Isar · Tel. (0 99 51) 9 81 10 · www.mikes-wanderlust.de · info@mikes-wanderlust.de

Hier entsteht gerade Gutes. Ein guter Sud, um genau zu sein.

Imperial Black Prototyp – Hoppy Birthday, liebes Bier!

Die beiden sollen verwandt sein? Bier-Schwestern? No way! »Wir wollten den ersten Geburtstag unseres *Prototyps* mit einem besonderen Bier feiern«, erzählen Julia und Olli Wesseloh. Also haben sie das Prototyp-Rezept genommen und scheinbar minimal verändert. Heraus kam ein Bier, das aussieht und schmeckt wie das blanke Gegenteil: Während der *Prototyp* leicht, hell und knackig ist, ist der *Imperial Black Prototyp* nachtschwarz, schokoladig und ziemlich fett. »Alle Zutaten sind gleich«, beteuern die Macher. »nur die Gewichtung ist anders.« Ach ja, und: »Anstatt hellem böhmischen Tennenmalz verwenden wir dunkles.« Das Bier wird nur einmal im Jahr gebraut.

Imperial Black Prototyp · Baltic Porter, 7,8 % Vol. · Kehrwieder Kreativbrauerei · Sinstorfer Kirchweg 74–92 · 21077 Hamburg · Tel. (0 40) 47 19 07 47 · www.kreativbrauerei.de · braumeister@kreativbrauerei.de

Nimmt gern Maischepaddel (heißt echt so) in die Hand: Oliver Wesseloh.

Von links nach rechts: Christoph Bichler, Maximilian Karner und Marko Nikolic – zusammen Bierol. Sie brauen in Schwoich in den Tiroler Alpen Craft Beer.

Going Hazelnuts –
Reiz des Verbotenen

Auf der Alm, da gibt's koa Sünd' – und in den Tiroler Alpen keine Verstöße gegen das Reinheitsgebot. Hier ist erlaubt, was schmeckt. Und das Haselnuss-Porter der jungen Craft Brauerei Bierol schmeckt ganz und gar hervorragend.

Irgendwie war es ein bisschen ein Thrill, dieses verbotene Bier zu brauen. Wobei: Eigentlich ist es in Österreich ja gar nicht verboten, das Reinheitsgebot zählt dort nicht und theoretisch dürfen österreichische Brauer wie die Jungs von Bierol ins Bier werfen, was sie wollen. Trotzdem gingen sie lange mit dem Gedanken schwanger, mal etwas »Unreines« zu brauen – bis sie auf dem Craft-Bier-Fest in Wien Chris Sullivan kennenlernten, damals Brauer bei einer traditionellen Brauerei in Bayern, tiefstes ins-Bier-nur-die-Vier-Land. Der hatte sich ein schönes Neben-Projekt ausgedacht, »Outlaw'd Collaborations« nannte er das: Als Amerikaner war er den Reinheitsgebotszwang leid und suchte nach Partner in freien Gefilden, mit denen er wildere Biere brauen konnte. Ein Haselnussporter, zum Beispiel, ein Porter mit kiloweise echten, gerösteten Haselnüssen. »Wir sind hier bis um zwei in der Nacht gehockt und haben das Rezept geschrieben«, erzählt Maximilian Karner, einer der Gründer von Bierol. Es gab diverse Probleme zu besprechen: Fett ist ein Schaumkiller – was also tun mit den fettigen Nüssen? Cara-Malze? Welche, wie viel? Geschmack? Fragen? Über? Fragen? – Hilft ja alles nichts. Wie so oft im Leben: Man musste es einfach ausprobieren. Das Wichtigste war den Brauern, dass das, was rauskommt, auch schmeckt. »Morgens um sechs haben wir dann direkt weiter gemacht, 25 Kilo Haselnüsse gecrusht und geröstet und losgebraut.« Rausgekommen ist

▶ **»Ich trinke das Going Hazelnuts am liebsten zum Essen, idealerweise zu Wild. Dunkle Biere an sich sind für mich mehr Speisenbegleiter als Durstlöscher.«**
– Maximilian Karner

ein smoothes Bier, das – kein Witz – nach Aussage der Brauer wie Nutella schmeckt. »Die röstigen Aromen von Kaffee und Schokolade ergeben zusammen mit den Nüssen einen Nougat-Geschmack«, sagt Maximilian Karner.

Going Hazelnuts · Porter, 5,7 % Vol. · Bierol · Sonnendorf 27 · 6334 Schwoich · Österreich · Tel. (+43) 660 49 00 45 · www.bierol.at · info@bierol.at

Düstere Aussichten für Sebastian Sauer? Kein Stück. Der Autodidakt macht aus simplen Zutaten wie Malz (unten), Salz und Himbeeren verrückte Biere.

Salzspeicher Raspberry – Nicht, was du jetzt denkst

»Oh, wie nett. Was mit Himbeeren …« Halt! Stopp! Moment! Wenn Sebastian Sauer von Freigeist Bierkultur das auf einem Braufest hört, ist er alarmiert. Hier muss er dann doch noch schnell ein bisschen was erklären, denn sonst erschrickt sich der Himbeerfreund all zu sehr.

Eines muss klar sein: Das *Salzspeicher Raspberry* ist nicht, was man sich unter einem »Himbeerbier« vorstellen mag, nicht lieblich und leicht, fruchtig, pink frisch. Sondern ein dunkelrotbraunes Bier, mit einem leichten Röstaroma in der Nase. Beim ersten Schluck dann: Wow, sauer. Beim zweiten: Hm, salzig. Und beim dritten: Uh, schon auch bitter. Und: Schokolade! Lakritz! Und eben auch: Ja, Himbeeren! »Das ist ein sehr komplexes Bier«, fasst der Brauer Sebastian Sauer zusammen, »das viele geschmackliche Wendungen birgt. Es offenbart sich nicht auf Anhieb.« Und genau das macht es so spannend.

Wie bei fast allen Freigeist-Bieren gibt es auch für das *Salzspeicher Raspberry* eine historische Vorlage: Gerade im Nordosten Deutschlands haben dunkle Biere wie Porter Tradition. Allerdings wurden sie mit dem Triumph der der untergärigen Biere (Helles und Pils) nach Erfindung der Kältemaschine, die es ermöglichte, sie ganzjährig zu brauen, mehr und mehr verdrängt. Salz als Bierzutat ist auch keine wahnwitzige Craft-Brauer-Spinnerei, sondern erprobte Braupraxis (Gose, Londoner Porter). Salz ist

▶ **»Dieses Bier passt hervorragend zu komplexen Speisen, zu Wildgerichten aber auch schokoladigen Desserts.« – Sebastian Sauer**

ein Geschmacksträger und macht sich besonders in Kombination mit Kräutern und Gewürzen sehr gut – oder eben mit Frucht.

Wie die meisten seiner Biere braut Sauer das *Salzspeicher Raspberry* in der Vormann Brauerei in Hagen-Dahl im Ruhrgebiet, wo sie es mit dem Reinheitsgebot glücklicherweise nicht so eng sehen. Über eine eigene Brauerei hat der Gypsy-Brauer immer wieder nachgedacht. Aber… – ach nein. »So bleibe ich flexibler«, sagt er. Für verrückte Biere wie dieses.

Salzspeicher Raspberry · Sour Porter, 6 % Vol. · Freigeist Bierkultur c/o Bierkompass · Diepenlinchener Straße 20 · 52224 Stolberg · Tel. (0 24 02) 75 38 0 · www.facebook.com/freigeistbierkultur/ · info@bierkompass.de

Crazy Bastard –
Es brennt so schön

Da hilft der böse Blick, den Andreas Håkansson für Fotos immer gern schnell aufsetzt, auch nichts: Die beiden Wahlberliner hinter Pirate Brew sind in kürzester Zeit zu den Lieblingen der Berliner Craft-Beer-Szene geworden – ihr verrückt teuflisches Chili-Bier dürfte daran mit Schuld sein.

Wie, Chili-Bier? Komisch. Ich merk' gar nichts. Ist überhaupt nicht – Doch! Jetzt kommt es. Alter, ist das scharf! So ungefähr ist es, wenn man das *Crazy Bastard Chili Porter* der Berliner Pirate Brew zum ersten Mal probiert. Anfangs freut man sich über ein vollmundiges, cremiges, dunkles Porter – bis dann eine teuflische aber faszinierend reizvolle Schärfe einschlägt, nachdem man so ganz unbedarft einen großen Schluck genommen hat. Genau so soll das sein, lächeln Christina Saez Martinez und ihr Mann Andreas Håkansson, die dieses raffinierte Bier zusammen entwickelt haben. »Den letzten Sud haben wir mit einer Chilisorte namens Trinidad Scorpion gewürzt, die hat 1 000 000 Scoville Schärfeeinheiten.« Will sagen: Die ist richtig, richtig scharf. Manch einem vielleicht sogar zu scharf, weshalb die Berliner Gypsy-Brauer die Kronkorken ihrer Crazy Bastards mit einer, zwei oder drei Chilischoten markieren, abhängig davon, wie viel Feuer in der Flasche steckt.

Weil sie Piraten sind, brauen Håkansson und Saez fast ausschließlich dunkle Biere. »Porter und Stout sind unsere liebsten Biere. Sie sind spannender und komplexer als helle Biere, dunkle Malze geben Biere eine neue, andere Dimension. Und natürlich haben wir auch gesehen, dass wir mit diesen in Deutschland eher ungewöhnlichen Stilen eine Chance haben, uns abzusetzen.« So wollen der Schwede und die Spanierin aus ihrem gemeinsamen Hobby Bierbrauen über kurz oder lang einen echten Beruf machen. Ein wesentlicher Schritt für die Wahlberliner war nach einem guten Jahr »keg only« und »dafür müsst ihr schon nach Berlin kommen« die Abfüllung ihrer Biere in Flaschen – sodass in ganz Deutschland nun die Leute einen Schluck Porter nehmen und erschrecken können: Hui, das brennt. Und ist doch so schön.

Crazy Bastard Chili Porter · Porter, 5,6 % Vol. · Pirate Brew · Schöneberger Ufer 57 · 10785 Berlin · Tel. 01 57 52 68 71 71 · www.piratebrew.rocks · piratebrewberlin@gmail.com

Andreas Håkansson und Christina Saez Martinez entern als Piraten die Brauerei von Philipp Brokamp (Hops & Barley) und scheren sich nicht um das Reinheitsgebot.

Stout

Der Name Stout geht auf den Begriff »stout porter«, wörtlich übersetzt »starkes Porter«, zurück. Es war also eine alkoholischere Variante des omnipräsenten Porters, dem Arbeiterbier des frühen Englands. Das tiefdunkle Schwarz erreicht der Brauer, wenn er reichlich Röstmalze verwendet. Die prägen auch den Geschmack dieses obergärigen Bieres: Kaffee, Zartbitterschokolode, ganz dunkle Brotkruste. Fälscherlicherweise hält man das Stout oft für ein besonders »schweres« Bier. Dabei liegt es im Schnitt bei gerade mal 4 bis 6 % Vol. Die Imperial-Variante allerdings (höhere Stammwürze und folglich mehr Umdrehungen) kann bis 12 % Vol. gehen.

Veto Schokobär – zu Wild, Ente oder Sonnenuntergang

66

Das *Spaghetti Western* Imperial Stout der italienischen Brauerei Brewfist, finden Karin und Ralph Hertrich, ist ein sagenhaftes Bier. Schokolade, Kaffee … Kein Wunder: Es wird ja auch mit Kaffee und Schokolade gebraut. »Diesen Geschmack schaffen wir auch ohne bierfremde Zutaten«, sagten sich die Hertrichs. Also versuchten sie, ein Dessertbier zu brauen, das dank seiner besonderen Mischung aus Röst- und Spezialmalzen ein ähnliches Aromaprofil bekommt – und siehe da: Das gelang! »Man kann sich den Schokobär wie eine Schoko-Kaffee-Schnaps-Praline vorstellen. Er hat nicht so viel Alkohol, dafür aber wunderbare Espresso-Noten«, so die Chefin.

Veto Schokobär · Stout, 6,5 % Vol. · Hopferei Hertrich · Brückkanalstraße 33 · 90537 Feucht · Tel. (0 91 28) 91 26 68 · www.hopferei.de · info@hopferei.de

Wer hat's erfunden? Sie waren es: Karin und Ralph Hertrich.

Ohne sie läuft in der Berliner Bierfabrik nichts: Sanni Penack.

Maple Walnut Stout –
wonnig & weintrinkertauglich

In anderen Branchen sind Kollaborationen komplizierte Vorgänge, bei denen mehrere Juristen mitwursteln und sehr viel zu unterschreibendes Papier hin- und hergeschoben wird. In der Bierbranche nicht. Da hockt man meist beim Bier zusammen und einer fragt: »Hey, wollen wir nicht mal zusammen brauen?« Und dann braut man mal zusammen.

Genau so, fasst Sebastian Mergel zusammen, einer der Gründer der Berliner Bierfabrik, sei auch das Maple Walnut Stout entstanden: Er und André Schleypen saßen mit den Jungs von der Spent Brewers Collective beim Bier – und zack, da war die Idee, gemeinsam ein Bier zu brauen. Eines, das nicht dem Reinheitsgebot entspricht. Hört! Hört! Nun ja, eine gewisse Anti-Establishment-Haltung ist bei beiden Craft-Brauereien nur schwer von der Hand zu weisen. Von daher: Macht schon Sinn. Wie wäre es, überlegten die Jungs weiter, zum Beispiel ein Stout mit Ahornsirup und Walnüssen zu machen?

Ganz unter uns: Nicht immer sind lustige Schnapsideen von Brauern am Biertisch auch nüchtern betrachtet die ganz großen Würfe. Aber mit dem *Maple Walnut Stout* ist den Berlinern wirklich ein ziemlicher Geniestreich gelungen, das muss man sagen: Fett im allerbesten, wohlig-warmen Winterbier-Sinne, vollmundig, eine Wucht. Es riecht und schmeckt nach Kaffee und

▶ **»Am liebsten trinke ich dieses Bier in der Twin Pigs Bar in Berlin-Neukölln.« – Sebastian Mergel**

Zartbitterschokolade, ist leicht süß, aber wirklich nur leicht, nicht pappklebrig, und schmelzig. Manch einer mag das Nussige im Abgang finden. Muss aber nicht sein. Auch ohne Nuss ein tolles Bier. Einen Teil jeden Sudes füllen die Brauer seit Kurzem übrigens auch in französische Eichenholzfässer, die in ihrem Vorleben als Pinot Noir Barriques ausgedient haben. Nach ein paar Wochen und Monaten Lagerzeit nimmt das Bier eine elegante Holznote an. Passenderweise füllt die Berliner Bierfabrik das *Maple Walnut Stout Barrique* in Weinflaschen – ist nämlich echt eine Alternative für Weintrinker.

Maple Walnut Stout · Stout, 7,8 % Vol. · Berliner Bierfabrik · Zur Alten Börse 74 · 12681 Berlin · Tel. (0 30) 55 20 03 14 · www.berlinerbierfabrik.com · info@bierfabrik.com

68

Sweet Stout – Das Bier, das nicht sein durfte

Die Geschichte des Sweet Stout *der Brauerei Camba Bavaria ist eine tragische Mia-san-mia-in-Bayern-Geschichte mit einigermaßen versöhnlichem Ausgang. Denn immerhin ist dieses hervorragende Bier immer noch zu haben, obwohl es das eigentlich gar nicht geben dürfte. Nicht im Freistaat.*

2013 beschloss das Team um Brauereigründer Markus Lohner ein Milkstout zu brauen. Milkstouts wurden im England des 18. Jahrhundert als kalorienreiche »Nährbiere« für all jene gebraut, die körperlich hart arbeiten mussten. Sie werden traditionell mit Milchzucker vergoren, daher der Name. Im Januar 2014 flatterte Lohner ein Schreiben des Landesamts für Gesundheit und Lebensmittelsicherheit ins Haus: Das *Camba Milk Stout* sei kein Bier im Sinne des Vorläufigen Biergesetzes. Wegen des Milchzuckers. In Bayern gilt nur als Bier, was nach dem Reinheitsgebot und damit mit vier Zutaten, Wasser, Malz, Hopfen und Hefe, gebraut wird. Das Problem sei nun, dass auf der Flasche »Stout« stehe, und so könnte der Verbraucher, denken, es handle sich um ein Bier. Aber das Milkstout ist ja kein Bier. Von Amts wegen. Und dann wäre da noch der Begriff »Milk« und die lila Kuh auf dem Etikett: Der Verbraucher muss so ja denken, in der Flasche sei Milch! Ist aber nicht, das haben die Beamten geprüft. Zusammengefasst: Das, was der Lohner da gebraut hat, darf nicht sein. Er wurde aufgefordert, seinen gesamten Bestand zu vernichten. Kein Scherz: Markus Lohner musste sein Bier wegschütten.

Eine wunderbare, grenzüberschreitende Bierfreundschaft aber rettet das Milkstout: 2016 fuhr Camba-Braumeister Martin Simion in die Brauerei Hofstetten im wilden, gesetzlosen Österreich, wo kein Reinheitsgebot gilt und braute dort den ersten Sud Exil-Milkstout. Das Bier heißt nun nach all dem Tamtam *Sweet Stout*, das Rezept aber ist gleich geblieben: ein seidiges, cremiges Bier mit deutlichen Kaffee- und Karamellnoten aber einem moderaten Körper. Kein Keule-auf-Kopf-Brummer, sondern ein »Seelenwärmer an kalten Tagen«, wie Brauer Simion sagt.

Sweet Stout · Milkstout, 5,2 % Vol. · Camba Bavaria · Mühlweg 2 ·
83376 Truchtlaching · Tel. (0 82 64) 40 73 30 0 · www.camba-bavaria.de ·
brauerei@cambabavaria.de

Bilder aus verbotenen Zeiten: Hier in der Brauerei in Truchtlaching am Chiemsee dürfen die Brauer der Camba Bavaria das Milkstout nicht mehr brauen.

Mittlerweile braut Oliver Lemke seine Biere auf deutlich größeren Anlagen, das kleine Sudhaus im Gastraum ist aber immer noch für Experimente gut.

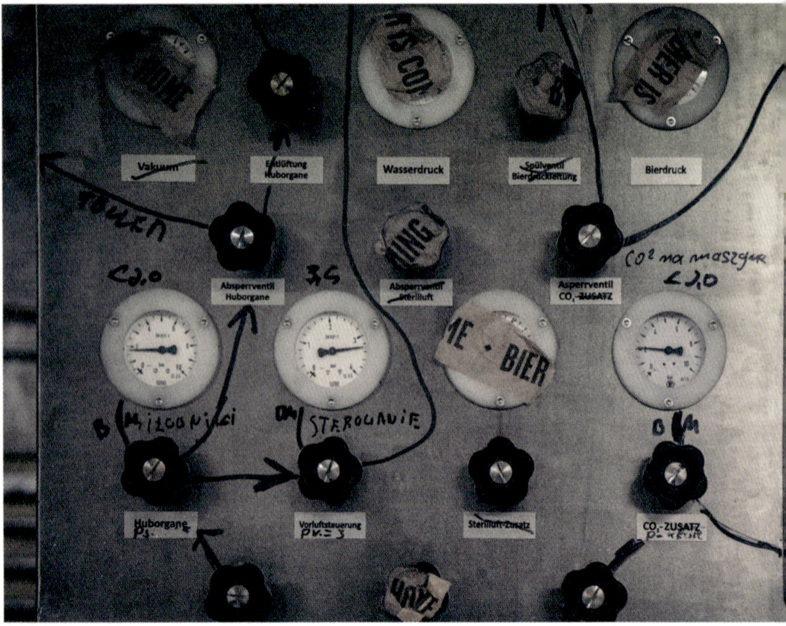

Lemke Imperial Stout –
Timing ist alles

Mit seinem ersten Quasi-Craft-Beer-Laden war Oliver Lemke zwölf Jahre zu früh, das haben die Berliner damals noch nicht verstanden. Seine Lektion: Man muss den Dingen ihre Zeit geben. Das gilt auch für sein wohl bestes Bier: Das Imperial Stout *darf sechs Monate im Fass ruhen.*

Wenn man heute im Brauhaus Lemke unter den S-Bahn-Bögen zwischen Hackeschem Markt und Alexanderplatz ein Eisbein isst, hat man nicht unbedingt das Gefühl, dass der Gründer dieses Ladens seiner Zeit irgendwie voraus ist. Aber: Vor 18 Jahren fing Oliver Lemke hier ganz anders an. Gerade hatte der gebürtige Heidelberger in Berlin sein Brauingenieursstudium beendet, war voll motiviert und von weiten Reisen inspiriert. Also eröffnete er genau hier einen Laden, in dem er Ales und Yakitori, japanische Grillspießchen, servierte. Nur: Das lief nicht. Überhaupt nicht. Das Essen? Zu wenig, zu sonderbar, wo sind die Buletten? Und dieses Bier … IPA, wasn ditte? Porter und Stout hatten die Berliner damals auch nie gehört. Hey, Lemke, kannst nicht mal normales Bier brauen? Der Brauer und Unternehmer verstand: Wer Erfolg haben will, muss flexibel sein. An einer Idee festhalten, die nicht funktioniert, ist Quatsch. Wer in Schönheit stirbt, ist ja trotzdem tot. Also stellte Lemke sowohl sein gastronomisches Konzept um als auch das Bierprogramm. Das zahlte sich in den darauffolgenden Jahren aus: Heute betreibt Oli Lemke drei Braustätten und vier Gasthäuser in Berlin.

Die Idee, neben Hellem und Weizen auch mal ein paar »besondere« Biere zu brauen, internationale Sachen und so weiter, ließ ihn all die Jahre aber nie ganz los. Als das Thema Craft Beer um 2012 in Berlin ankam, nahm Lemke noch mal Schwung. Heute hat er ein stattliches Portfolio von acht Flaschenbieren, gekrönt von seinem *Imperial Stout*, einem mitternachtsschwarzen, geradezu öligen Bier, das neben den stiltypischen Kaffee-, Röst- und Schokoladenaromen eine tolle Holznote hat. Es lagert nämlich sechs Monate in französischen Eichenfässern unter den S-Bahn-Gleisen im Herzen Berlins.

Lemke Imperial Stout · Imperial Stout, 11 % Vol. · Brauerei Lemke Berlin · Dircksenstraße 143 · 10178 Berlin-Mitte · Tel. (0 30) 30 87 89 79 · www.lemke.berlin · brauerei@lemke.berlin

Baltic Stout –
Wie Samt und Seide trinken

Trockene Weine kennt jeder. Aber: Auch Biere können trocken sein. Wobei deren Geschmack nicht direkt mit dem eines trockenen Weins zu vergleichen ist. Trockene Biere sind geradlinig, irgendwie straight und klar. Und fast immer bedeutet es, wenn ein Bier trocken ist, dass der Braumeister was draufhat. Das Imperial Stout der Insel-Brauerei ist sehr trocken, kaum restsüß und dennoch klar kaffee- und schokoladenartig. Markus Berberich wollte ganz bewusst häufige Wumms-Noten dunkler Biere wie etwa Sherry-Aromen aussparen. Und er wollte ein Bier, das sich samtig weich den Gaumen entlang kuschelt. Das macht der Hafer, den er hier mit einmaischt.

Baltic Stout · British-Style Imperial Stout, 7,5 % Vol. · Rügener Insel-Brauerei · Hauptstraße 2c · 18573 Rambin auf Rügen · Tel. (03 83 06) 23 87 02 · www.insel-brauerei.de · mail@insel-brauerei.de

Gründer und Braumeister Markus Berberich schenkt ein.

71

Chicxulub – Geschmeidig in den Weltuntergang

Schräger Name? Gar nicht! Nicht mit dem »richtigen« Maß Allgemeinbildung. Chicxulub, erklären die österreichischen Brauer den Unbewanderten nämlich gern, ist der Name jenes Asteroids, der vor 65 Millionen Jahren auf der Erde einschlug und das Ende der Dinosaurier besiegelte. »Da verdunkelte sich halt auch der Himmel«, sagt Johannes Kugler, einer der vier Wiener Brew Age-Gründer. So passt der Name ideal zu diesem dunkelschwarzen Bier, das, idealerweise frisch gezapft vom Stickstoffhahn, unvergleichlich cremig ist, leicht nussig schmeckt und ein bisschen an den Stout-Prototypen Guinness erinnert. Wobei das *Chicxulub* aber etwas mehr Kante hat als der.

Chicxulub · Oatmeal Stout, 5,4 % Vol. · Brew Age · Haberlandtgasse 64/3/1 · 1220 Wien · Österreich · Tel. (+43) 60 01 15 51 20 · www.brewage.at · office@brewage.at

Braumeister Johannes Kugler fröhlich am Sudkessel

Andreas Seufert hätte ein bequemes Leben als Industrie-Brauer haben können – stattdessen wählte er den glücklich machenderen Weg als Craft Brauer.

Black Gold –
Fürchtet sich nicht

Pax Bräu bringt nicht nur Frieden, sondern auch die abgefahrensten Biere Deutschlands. Alle Sude sind stets knapp bemessen, was weg ist, ist weg, kommt aber wieder. Für das Black Gold lohnt es sich, die Augen aufzuhalten und wenn es da ist, zuzuschlagen.

Lassen wir dem Brauer selbst das Wort: »Das ist kein Bier, das ist Motorenöl! Und zwar von einem 79 Jahre alten Lanztraktor, bei dem noch nie das Öl gewechselt worden ist«, schreibt Andreas Seufert in der Produktbeschreibung des Black Gold, einem tiefschwarzen, röstigen Stout. Abgerundet werden dessen kräftige Kaffeenoten von einer angenehmen Süße. Das ist doch … Moment mal, den Geschmack kennt man. Ist das … Lakritz? Fast: Seufert braut das Black Gold mit Süßholz ein, aus dem sonst Lakritze gemacht wird. Das gibt dem Bier ein herrliches Finish. Die Haferflocken im Malz machen das Bier insgesamt etwas weicher und sämiger.

Nun fragt man sich: Darf der das denn? Die Rhön ist doch – knapp zwar, aber immerhin – Freistaatlich Bayerisches Hoheitsgebiet? Und da darf Bier doch nur aus Malz, Wasser, Hopfen und Hefe gebraut werden. Nun: Der Seufert, der ist halt mutig. Und müde: »Natürlich beschäftigt mich der Themenkomplex Reinheitsgebot seit Jahren intensiv, und vermutlich würde mir das auch schlaflose Nächte bereiten – wenn ich abends nicht immer so müde wäre, dass ich sofort einschlafe«, sagt er und lacht. Er beobachte aktuell und mit Freude, dass sich immer mehr Kollegen, in und außerhalb Bayerns, mit der geltenden Biergesetzgebung nicht einverstanden erklären. Er sieht, dass der Druck auf Verbände und Legislative steigt. »Es ist im Interesse der Brauerbünde, schnell eine akzeptable Lösung für kreative Biere zu finden, wenn sie nicht wollen, dass im Klagefall die bisherige Biergesetzgebung pulverisiert wird. Hoffentlich ändert sich bald etwas. Bis dahin bleibt es auf jeden Fall spannend.«

> ▶ »An Winterabenden auf meiner Wohnzimmercouch zünde ich im Fernsehen eine Kaminfeuer-App an und gönne mir einen Zartbitterlebkuchen dazu.« – Andreas Seufert

Black Gold Lakritz Oatmeal Stout · Stout, 5,3 % Vol. · Pax Bräu e.K. · Rathgeberstraße 7 · 97656 Oberelsbach · Tel. (0 97 74) 7 43 90 03 · www.pax-braeu.de · probier@pax-braeu.de

Katerfrühstück – Blanker Wahnsinn, aber leider geil

Wer den Namen dieses Bieres bierernst nimmt, kann den Rest des Tages vergessen: Das wuchtig-weiche Imperial Vanilla Stout ist definitiv mehr verführerisches Betthupferl als Konterbier am Morgen danach.

Tja, und aus Spaß wurde Ernst. Eigentlich dachte Thorsten Schoppe gegen Ende 2015, als die bierdurstigen Sommermonate vorüber und in der Berliner Brauerei etwas weniger los war, jetzt macht er einfach mal etwas Verrücktes. Einen völlig abgefahrenen Sud, einen einzigen. Ein Bier zum Beispiel, bei dem jede Controlling-Abteilung sofort Alarm schlagen würde, so teuer in der Produktion, so unwirtschaftlich, eigentlich. Aber bei Schoppe Bräu haben sie kein Controlling und die Gedanken des Braumeister sind frei, ja so frei. Also kaufte er für hunderte Euro feinste Madagaskar-Vanille, schnitt 200 Schoten auf, kratze von Hand das Innere heraus und braute einen unfassbar kräftigen, dunklen Sud. Damit erreichte er den abnormen Wert von 30° Plato Stammwürze. Was das heißt? Kurz gefasst, dass der Schoppe hier so richtig geklotzt hat statt zu kleckern. Die Stammwürze beschreibt den Dichtegrad eines Bieres, damit wird gemessen, wie viele feste Stoffe vor der Gärung in der Würze schwimmen, Malzzucker, Aminosäuren, Eiweiße und so weiter. Je mehr davon da sind, desto mehr hat die Hefe zu fressen und desto stärker wird das Bier. Und: Viel bringt viel. Je mehr das Verhältnis Malz/Wasser zugunsten des Malz ausfällt, desto höher wird die Stammwürze. Will sagen: Der Schoppe hat aus verdammt viel Malz verdammt wenig Flüssiges gemacht. Wie gesagt: Finden Controller nicht schlau. Aber hey: Ein Südchen, 500 Liter, das wird man sich doch mal erlauben dürfen. Anfang 2016 bringt Thorsten Schoppe dieses ausnehmend volle, mitternachtschwarze Stout mit 12 Prozent Alkohol auf den Markt, das so weich und schoko-vanillig-süß köstlich schmeckt wie das allerinnerste eines Petit Gâteau. Und was passiert? Die Leute sind verrückt danach und wollen mehr, mehr und mehr von diesem Irrsinn. So wurde das *Katerfrühstück*, was für ein Glück, zu einem Standard in Schoppes Bierrepertoire.

Katerfrühstück · Imperial Stout, 12 % Vol. · Schoppe Bräu c/o Pfefferbräu · Schönhauser Allee 176 · 10119 Berlin · Tel. 01 76 43 42 19 86 · www.schoppebraeu.de · info@schoppebraeu.de

Haben tatsächlich Spaß bei der Arbeit: Thorsten Schoppe (oben rechts) und sein Team in der Brauerei am Pfefferberg in Berlin-Prenzlauer Berg.

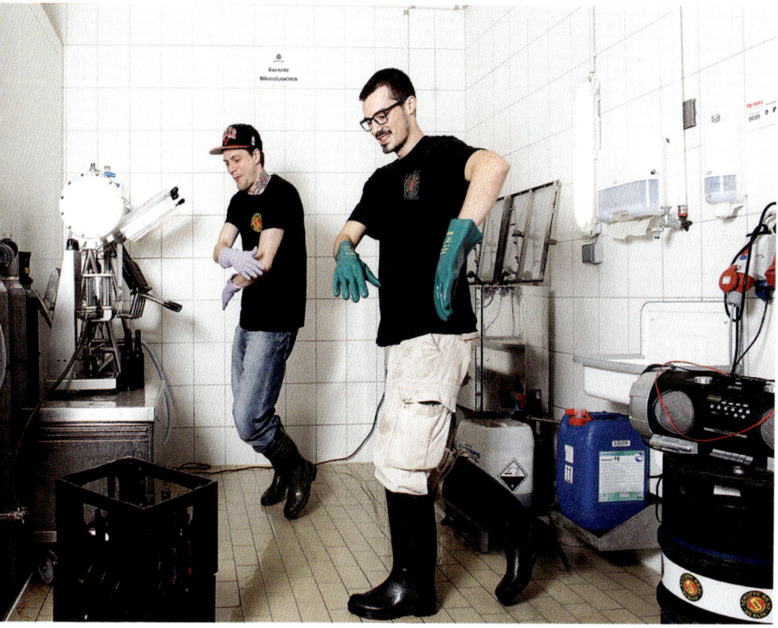

74 Schönramer Imperial Stout – Geduld wagen!

Als Eric Toft vor zwanzig Jahren den Posten als Braumeister in der Landbrauerei Schönram übernahm, ließ er der oberbayerischen Stammkundschaft zwei Jahre Zeit, sich an den Gedanken zu gewöhnen, dass nun ein junger (!) Amerikaner (!!) ihr Bier braute. Er veränderter zunächst nichts. Gar nichts. Erst als sich alle mit dem Toft als dem Neuen angefreundet hatten, verbesserte er behutsam die Rezepturen der Standardbiere (Helles und Pils) und führte neue Sorten ein (zunächst ein Weißbier, Bock und schließlich US-Sorten wie IPA und Co.). Bis zu diesem wuchtigen, stark lakritzartigen und schön restsüßen Imperial Stout freilich war es ein ganz schön langer Weg. Der sich lohnte!

Schönramer Imperial Stout · Imperial Stout, 9,5 % Vol. · Private Landbrauerei Schönram ·
Salzburger Straße 17 · 83367 Petting/Schönram · Tel. (0 86 86) 9 88 00 ·
www.brauerei-schoenram.de · info@brauerei-schoenram.de

Hier fließen nur hervorragende Biere durch: bei der Schönramer Landbrauerei.

Xocoveza – Heiße Schokolade auf mexikanisch

75

Worte. Puh. »Worte sind fantastisch«, sagt Greg Koch, Gründer der Stone Brewing Company, »aber sie können Erfahrungen nicht schlagen.«In diesem Sinne: Das *Xocoveza* müsse man trinken, nicht beschreiben. Schon klar, dass es für den deutschen Pils-Trinker ein ganz schöner Stretch ist, ein nach Zimt, Muskat und Vanille duftendes Bier zu trinken, das unter anderem mit Kaffeebohnen, mexikanischen Paprikas und Milchzucker gebraut wird. Aber: Nur wer offen ist, kann neue Freuden finden. Beachtlich ist, dass Koch die deutschen Behörden dazu brachte, dem in der Berliner Stone-Dependance gemachten Xocoveza die Marktfähigkeit zu bescheinigen (Hallo, Reinheitsgebot!?).

Xocoveza · Imperial Stout, 8,1 % Vol. · Stone Brewing Berlin · Im Marienpark 22 ·
12107 Berlin · Tel. (01 51) 23 97 18 70 · www.stonebrewing.eu ·
info.berlin@stonebrewing.eu

Greg Koch, US-Gründer von Stone Brewing, eröffnete 2016 seine Deutschland-Brauerei.

Holzfass-gereifte Biere (barrel-aged)

Früher, ganz früher, lag Bier immer in Holzfässern. Gab ja nichts anderes. In der modernen Bierbrauerei gärt, reift und lagert Bier in Edelstahl. In den USA begannen Craft-Brauer in den 1990ern starke Biere (oft Imperial Stout/Porter oder Bockbiere; ab 8 % Vol.) in Fässern (z. T. vorbelegt mit Sherry, Tequila, Rum oder – der Top-Pick – Bourbon) zu füllen. Da nimmt das Bier Aromen des Holzes und der Spirituose auf. Zudem können Sauerstoff und Mikroorganismen, die – anders als im Stahltank – über das Holz mit dem Bier in Kontakt kommen, wirken. Die Varianten sind schier unbegrenzt: Welches Bier, welches Fass? Wie lange? Wie warm soll das Bier lagern?

Doppelbock Bourbon –
Und dazu … Schweinebraten!

Der *Doppelbock Bourbo*n war das allererste »Oak Aged«-Bier der Brauerei Camba Bavaria. Gründer Markus Lohner kam – inspiriert von Reisen in die USA – 2010 auf die Idee, Biere in Holzfässern zu lagern. Inzwischen ist daraus eine eigene Sparte geworden, die »Oak Aged«-Serie umfasst sieben verschiedene Biere, die sechs bis neun Monate in Eichenfässern reifen. Der Doppelbock liegt in Fässern der Woodford Reserve Distillery aus Kentucky. Währenddessen passt Braumeister Enzo Frauschuh in der Camba Old Factory in Gundelfingen auf ihn auf. »Der beste Moment für den *Doppelbock Bourbon*: Sonntagmittag, nach einem schönen Schweinebraten.«

Doppelbock Bourbon · Untergäriges Starkbier (Doppelbock), 10,5 % Vol. · Camba Bavaria · Mühlweg 2 · 03376 Truchtlaching · Tel. (86 24) 40 73 30 0 · www.camba-bavaria.de · brauerei@cambabavaria.de

Im Gastraum bei Camba Bavaria in Truchtlaching am Chiemsee

Imperial Porter Barrique – Fassbier, aber anders

In ihrer Gegensätzlichkeit sind Wein und Bier ein unzertrennliches Paar. So wie schwarz oder weiß, Kaffee oder Tee, Wasser mit oder ohne. Und so ist es eigentlich auch gar nicht so verwunderlich, dass mit Ulrich Sander ein Winzersohn aus Rheinhessen eine Craft-Brauerei in Worms gründete.

Die Familie Sander in Mettenheim, Rheinhessen, betreibt das älteste Ökoweingut Deutschlands. Als die dritte Generation heranwächst, ist früh klar, dass der ältere Sohn Stefan Sander das übernehmen wird. Für den Jüngeren, Ulrich, stellt sich also die Frage: Wein oder … Bier! Natürlich, Bier! Uli Sander studiert Brauwesen an der VLB in Berlin, wird Inbetriebnehmer von Filteranlagen, reist um die Welt – bis irgendwann das Heimweh zuschlägt. Und der Wunsch nach einer eigenen Brauerei. Am 23. April 2012 gründet er die Braumanufaktur. – Dort braut Uli Sander in der Sander Limited Edition extrahochkaratige Biere. Ein Juwel: Das *Imperial Porter Barrique*. »Als Winzerssohn war es mir ein Bedürfnis, zu testen, welche sinnvollen Symbiosen Bier und Wein eingehen können«, sagt er. Einfach zusammenkippen und als »Hybrid« hochzuloben, das war ihm zu stumpf. »Es sollte schon etwas eleganter und perfider sein.« Also leierte er seinem Bruder acht 225 l-Fässer aus dem Kreuz.

▶ **»Machen Sie's wie die Weintrinker: Von einem besonderen Jahrgang 24 Flaschen in den Keller, damit die nächsten 12 Jahre was zum Verkosten da ist. Die Geschmacksentwicklung ist spannend!« – Ulrich Sander**

Fässer, die davor mit rheinhessischem Rotwein belegt waren. Einzigartig! Die meisten Biere werden in Rum oder Bourbon-Fässern ausgebaut. »Nur mit Bier ins Fass legen, warten und abfüllen ist es beim Barrel-Aging nicht getan«, sagt Sander. Was genau der Trick sei? »Das ist brewmaster's secret«. Sanders Imperial Porter gewinnt durch die Monate im Weinfass eine elegante Sauerkirsch- und Vanillenote, die die Kaffee- und Zartbitterschokoladenaromen aufwertet. Dazu kommt eine ganz leichte Säure, die kaum als Säure zu schmecken ist, dem Bier aber eine Leichtigkeit und Spritzigkeit verleiht, die die 9 Prozent Alkohol ganz vergessen lassen.

Sander Limited Imperial Porter Barrique · Imperial Porter, 9 % Vol. · Braumanufaktur Sander · Weinsheimer Straße 67 · 67547 Worms · Tel. (0 62 41) 8 54 50 28 · www.brauerei-sander.de · info@brauerei-sander.de

Ulrich Sander arbeitet in seiner Brauerei in Worms sehr handwerklich.
Seinen Bieren tut die Mühe sehr, sehr gut.

DE-ÖKO-02
Deutsche Landwirtschaft
Brauman faktur Sander
Apostellerkirstraße 22
D-67549 Worms
www.brauerei-sander.de

IMPERIAL PORTER BARRIQUE
obergäriges Starkbier

feine Sauerkirsch- und Vanillennoten
durch eine 6 monatige Holzfasslagerung
Zutaten: Wasser, Gerstenmalz,
Aromahopfen*, Hefe 8,7% vol.
Fl. 200 von 925   0,33l
* aus biologischer Landwirtschaft
mindestens haltbar bis

78

Slyrs – ein total untypisches, urbayerisches Bier

Ha, Reinheitsgebot! In! Your! Face! Nichts spricht dagegen, ein Bier, so rein und bayerisch wie möglich, in ein Holzfass zu packen und abzuwarten. Nur: Das Ergebnis ist weit, weit weg vom ollen 08/15-Deutsch-Bier. Markus Hoppe, Gründer von Hoppebräu, macht's vor.

Die Vielfalt? Grenzenlos! Wie ein fassgelagertes Bier nach seiner Reifezeit schmeckt, ist abhängig davon, wie lange es lagert, in welchen Fässern (Größe, Holz, Zustand) und welche Flüssigkeit zuvor darin war. Im Grunde ist Barrel-Aging immer ganz viel trial & error. Und Markus Hoppe aus Waakirchen am Tegernsee, der hatte schon zwei Mal ziemlich Erfolg damit: 2016 brachte er ein hervorragendes Imperial Stout auf den Markt, das *PX*, das in Sherryfässern gelegen hatte, dieses Jahr lässt er ein Bier aus dem Tank, das ein bisschen Whiskey geschnuppert hat.

Für das *Slyrs* griff der Brauer erst einmal ordentlich tief in den Malzsack: »Zwölf unterschiedliche Malze. Alles was man sich vorstellen kann,« sagt der Gründer von Hoppebräu, »von Dark Chocolate über Röstmalz, Weizenrauchmalz, Cara Aroma, Münchner Typ 1 und 2, Pilsener… die ganze Palette halt.« Das Ergebnis war ein Bier mit extrem hoher Stammwürze (24° Plato), das Hoppe »sauber durchvergären« ließ. So kam das »Rohbier« auf 10,4 Prozent, die fassgelagerte Version auf 11,1 Prozent (die Differenz ist der »angels' share« – durch das Holz verdunstet immer ein bisschen Wasser, der Alkohol aber bleibt). Dann entschied Hoppe sich für Fässer der quasi-benachbarten Whiskeybrennerei Slyrs am Schliersee. Amerikanische Eiche, relativ neu, nur drei Jahre mit Kornbrand belegt. »Das war mir wichtig, denn ich wollte nicht, dass es eine zu starke Whiskey-Note bekommt«, so der Braumeister. Der Plan ging auf, stattdessen schimmert nun ein leicht brenzliges Holzaroma durch das weiche Bier. Mosaic als Späthopfengabe im Whirlpool macht das *Slyrs* kaum süß, es ist sehr vollmundig – und rar: Markus Hoppe hat davon gerade mal 600 Liter gemacht. Nächstes Jahr ist eine andere Fassvariante dran.

Slyrs · Oak aged Imperial Stout, 11,1 % Vol. · Hoppebräu · Edelweißstraße 21 · 83666 Waakirchen · Tel. (01 76) 61 04 28 48 · www.hoppebraeu.de · info@hoppebraeu.de

Braumeister Markus Hoppe füllt sein Imperial Stout in Whiskey-Fässer.

Vanille, Karamell und was man sich sonst noch so zum Dessert wünschen mag

Barrel 1 –
der bessere Dessertwein

79

Im modernen Wirtschaftsjargon würde man Braufactum als »First Mover« bezeichnen: Die Radeberger-Tochter war das erste Unternehmen, dass Craft Beer in Deutschland voranbrachte. Hinter der Marke steht mit Marc Rauschmann ein Bier-Vordenker und Leidenschaftsbrauer mit einer Schwäche für große Biere.

2010 reiste Dr. Marc Rauschmann erstmals durch die USA, um das Thema Craft Beer zu erforschen. Eigentlich unfassbar, dass das damals noch überhaupt nicht in Deutschland angekommen war, dass die Globalisierung ausgerechnet um dieses wunderbare Feld einen Bogen geschlagen hatte. Neben den fetten, hopfenbetonten Bieren, den IPAs und Imperial IPAs, faszinieren den Braumeister die großen Biere der amerikanischen Kollegen, die durch monatelange Lagerung in Bourbonfässern noch eine Nummer größer werden. Er freundete sich mit Matt Brynildson an, Brewermaster bei Firestone Walker in Kalifornien und Experte in Sachen Barrel-Aging (nachdem die Gründer dieser Brauerei aus dem Weinbau stammen, haben Fässer hier eine ganz besondere Bedeutung). Was Rauschmann also zum Thema Fasslagerung wissen musste, erfährt er hier. Dass es zum Beispiel sehr zuträglich ist, Bierfässer bei konstant moderaten Temperaturen zwischen 12 und 14 Grad Celsius zu lagern. Allein in Sachen Fässerbesorgung wollte Rauschmann sich nicht auf den Amerikaner verlegen: »Es macht ja nun wirklich keinen Sinn, leere Bourbonfässer aus den USA zu importieren«, findet er. »Zudem ist das ja total unpersönlich, wenn man gar keinen Kontakt zu dem Brenner hat, vielleicht nicht einmal den Bourbon kennt und gar nicht weiß, ob er einem schmeckt.« Und außerdem, weiß Rauschmann, haben wir in Deutschland selbst hervorragende Whiskeys. So landete auch er am Schliersee: Auch sein Stock Ale, eine alter englischer Bierstil, herzhaft, dunkel und stark, lagert vier Monate lang in alten Slyrs-Fässern. Das Ergebnis: Ein sagenhaft vanilliges Bier, bei dem der, der Whiskey mag, auch dessen feine Note anschmecken kann. Passt gut zum Dessert – oder ersetzt dieses dank seiner fülligen Malzsüße auch.

Barrel 1 · Stock Ale, 11,5 % Vol. · Braufactum · Darmstädter Landstraße 185 · 60598 Frankfurt · Tel. (0 69) 6 06 56 59 · www.braufactum.de · info@braufactum.de

80 Bourbon Barrel Bock – Wenn der Opa das wüsste

Das ist er also, der Fortschritt: »Als traditionelle Braumanufaktur haben wir früher ausschließlich mit Holzfässern gearbeitet«, so Malte Brusermann, Botschafter der Welde Brauerei in Plankstadt. »Wilhelm Spielmann, der Vater unseres heutigen Chefs, war froh als er in den 1960ern die letzten Holzfässer endlich gegen moderne Kegs tauschen konnte. Dass sein Sohn 50 Jahre später wieder einen Holzfasskeller eröffnen würde, hätte er sich nicht träumen lassen.« Und was darin für tolle Biere entstehen, wohl auch nicht: Ein kupfergoldener Bock etwa, der in Rumfässern aus Jamaika, Tequila-Fässern aus Mexiko und US-Bourbonfässern reift und zu einer toll vanilligen Cuvée verschnitten wird.

Bourbon Barrel Bock · Heller Bock, 6,6 % Vol. · Welde Braumanufaktur · Brauereistraße 1 · 68723 Plankstadt · Tel. (0 62 02) 93 00 10 · www.welde.de · info@welde.de

Welde-Braumeister Stephan Dück am Sudkessel

History repeating itself: Der frühere Brauereichef war froh, als bei Welde Technik die Handarbeit ablöste. Nun setzen die Jungen bewusst wieder darauf.

Pilsener

Pils ist der Bierstil, an den die meisten Deutschen denken, wenn man »Bier« sagt. Es stammt aus der böhmischen Stadt Pilsen (heute Tschechien) und trat 1842 einen weltweiten Triumphzug an. Startschuss war die ungefähr zeitgleiche Erfindung der Kälte-maschine durch Carl Line, die es ermöglichte, ganzjährig untergärige, schlanke Biere zu brauen. Ein gutes Pils duftete kräuterig und ein bisschen nach Gras, je frischer es ist, desto deutlicher ist der Hopfen, aber selten hat es so fruchtige Noten wie Pale Ales oder IPAs. Das böhmische Pils ist süßlicher, das nord-deutsche bitterer, alle haben zwischen 4,5 und 5 Prozent Alkohol.

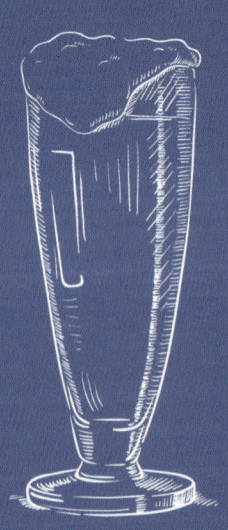

Fastmoker –
Voll normal, aber besser

Fiete Matthies aus Hamburg war einer der ersten deutschen Craft-Brauer, der so etwas popelig-normales wie ein Pils gemacht hat. »Einfach, weil ich selber eigentlich total gern Pils trinke«, sagt er. Auch wenn man den ganzen Abend wild Craft Beer aus aller Welt probiert – »am Anfang und zum Schluss ist mir ein Pils immer noch am liebsten.« Wobei das *Fastmoker* von Wildwuchs ja kein 08/15-Pils ist, sondern ein besonderes, gestopft mit Tettnanger Hopfen. »Der hat eine fruchtige Note, bringt aber auch den harzigen Geschmack des Hopfens mit«, so der Brauer. »Das passt aus meiner Sicht besser zu einem Pils als amerikanische Sorten wie Citra oder Simcoe.«

Fastmoker · Pilsener, 4,9 % Vol. · Wildwuchs Brauwerk ·
Schotstek 5? · 21129 Hamburg · Tel. (01 74) 2 49 1961 · www.wildwuchs-brauwerk.de ·
fiete@wildwuchs-brauwerk.de

Fiete Matthies im Bleckeder Brauhaus, wo er sein Bier braut

82 Moonshine – Wer den Mond trinkt, sieht schnell Sterne

Beim ersten Sud standen die befreundeten Brauer von der Mashsee Brauei, Hannover, und Buddelship in Hamburg bis 4 Uhr morgens an den Kesseln. Daher der Name. Was sie sich vorgenommen hatten, war nicht ganz einfach: Ein traditionelles Bier, aber nicht normal, bitte. Sie entschieden sich für ein »gepimptes Pils« – gepimpt in dem Sinne, dass es mit 7 % Vol. viel alkoholischer ist als Standard-Pilsener (zwischen 4 und 5 % Vol.) »Nicht so mastig wie ein Bock, nicht so sehr fruchtorientiert wie ein IPA und dennoch eine ausgeprägte und schön eingebundene Bittere waren das Ziel«, sagt Kolja Gigla. Gelungen!

Moonshine · Imperial Pils, 7 % Vol. · Mashsee Brauerei GmbH & Co. KG · Am Eisenwerk 17 · 30519 Hannover · Tel. (05 11) 37 02 29 74 · www.mashsee.de · info@mashsee.de

Sieht farblich schon mal gut aus: auf dem Weg zum guten Bier.

Don Limone –
Wie es euch gefällt

Altes Problem: Der Künstler/Erfinder/Ingenieur sitzt in Werkstatt/Labor/Büro und tüftelt. Doch was die Leute auf der Straße wollen, weiß er nicht. Anders Niklas Zerhoch und Dario Stieren. Die wissen genau, was Biertrinker wollen. Aus ihrem Einsatz an vorderster Front, Feldversuchen und Tiefeninterviews mit hunderten Biertrinkern. Stieren und Zerhoch arbeiten nämlich hinter dem Tresen des Tap-House, Münchens größter Craft-Beer-Bar. Hier ist die Idee zur Munich Brew Mafia entstanden (Stieren hat Brauwesen studiert), die mit einem verrückt unverrückten Bier debütierte: einem Pils. Mit Citra gestopft und holunderblütig-zitronig. »Wie Radler, aber besser und nicht so süß«, sagen sie.

Don Limone · Pilsner, 5,3 % Vol. · Munich Brew Mafia · Rosenheimer Straße 108 ·
81669 München · Tel. 0171 64 95 674 · www.munichbrewmafia.de ·
dario.stieren@brewmafia.de

Nicht täuschen lassen: Im Don Limone sind keine Zitronen!

Pepper Pils – Verrückt gute Idee

Das beißt nicht, das will nur spielen: Auch wenn der Name es vermuten lässt, ist das Pepper Pils kein bisschen scharf, sondern viel mehr total blumig. Ein charmanter, leichter Starter und eine gute Teamleistung zweier kreativer, junger Brauer.

Eigentlich ist schon etwas dran, wenn es heißt, Dinge, die in der Wüste Nevadas geschehen, sollten besser auch dort bleiben. Denn weder verrückte Nächte in Las Vegas noch verrücktere Tage auf dem Burning Man Festival stehen im Verdacht, die wirklich richtig guten Ideen hervorzubringen. Wobei allerdings dieses Bier das Gegenteil beweist: 2015 trank der Brauer Alexander Himburg auf dem Burning Man Festival ein Pils mit Pfeffer. Ein Hammer-Pils mit Pfeffer, wie er betont, von Hobbybrauern gemacht und im Plastikbecher mit Deckel serviert, weil sonst der ganze Wüstensand reinkommt, erklärt er, aber egal: Ein Hammer-Bier war das halt. An genau dieses Bier erinnert Himburg sich, als er ein paar Monate später mit seinem Brauerfreund Max Spielmann von der Welde Brauerei auf Kneipentour in Amsterdam ist (wieder so ein Moment, in dem viele dann doch nicht die besten Ideen haben, eigentlich). Er muss ihm gar nicht lange vorschwärmen, bis Spielmann sagt: »Komm, lass das doch mal zusammen machen.« Und so brauen sie kurz darauf in Plankstadt einen ersten Entwurf des Pepper Pils. »Die ersten 50 Liter haben wir versucht, mit gemörsertem Pfeffer zu stopfen«, erzählt Spielmann. Das hat allerdings nicht funktioniert: Viel zu viele Phenole aus dem Pfeffer haben das Bier bitter gemacht. Also arbeiten sie mit einer Art Infusion: Sie kochen einen kleinen Teil des Bieres mit einer großen Menge schwarzer und rosa Pfefferkörner aus Nepal und Kambodscha und geben den Sud dann in das fertige Pils. Das Ergebnis: Ein total blumiges Bier mit ziemlich eindeutigen Rosennoten. Und ein bisschen Bergamotte. Pfefferscharf? Kein Stück. Viel mehr fruchtig. Bisschen Mango. Das perfekte Starterbier für einen gelungenen Abend voller guter und nicht so guter Ideen.

Pepper Pils · Pilsner, 4,8 % Vol. · Himburgs Braukunstkeller · Ehrengutstraße 27 · 80469 München · www.himburgs.com · info@himburgs.com

Brauerei-Junior Max Spielmann und die besondere Zutat des Pepper Pils: viel Pfeffer

85

Grünhopfen Pils –
Fresh, so fresh

Nur einmal im Jahr kommt die Zeit für ein ganz besonderes Bier:
Anfang September, zur Hopfenernte, können Brauer knackfrische
Dolden in ihre Biere werfen. Grünhopfen sagt der Fachmann dazu.
Oder Wethops. Ein hervorragendes solches Bier braut Eric Toft von
der Landbrauerei Schönram.

In Schönram bei Petting im Chiemgau, da gehen die Uhren noch a bisserl langsamer. Da gönnt der Braumeister Bieren ausreichend Zeit im Reifetank. Eric Toft lässt sein Helles mindestens fünf Wochen, das Pils sechs, das Festbier acht bis zehn Wochen ruhen. Industriebier kommt, wenn es sein muss, nach vier Tagen in die Flasche. Das merkt man, sagt Toft, am nächsten Tag: Highspeed-Bier macht Kopfschmerzen. Mit Ruhe Gebrautes ist – weitestgehend – katerfrei.

Nur einmal im Jahr, da müssen sie auch bei Schönramer schnell machen, am Ende des Sommers, wenn in den Hopfengärten der Hallertau Erntezeit ist und Toft das Grünhopfen Pils braut. Eric Toft hegt ein enges Verhältnis zum Rohstoff Hopfen, das ganze Jahr über unternimmt er Ausflüge zu seinen Hopfenbauern, um zu sehen, wie die unterschiedlichen Lagen gedeihen. Toft, der aus Wyoming stammt, aber seit zwanzig Jahren im Chiemgau braut, arbeitet ausschließlich mit deutschen Sorten. »Alte Hopfen wie Hallertauer und Tettnanger sind für mich Spitzensorten«, sagt er. Und am »spitzesten« sind sie, wenn sie frisch von der Rebe gezupft, ungedarrt, also nicht getrocknet, in sein makelloses Pils wandern. Zwischen »noch auf dem Feld« und »schon im Sud« liegen nur Stunden. Frischer geht's nicht. Und das schmeckt man dem Bier, auf Rate Beer unter den besten 50 Pilsenern weltweit, auch an: Mancher sagt, das Schönramer Grünhopfen Pils schmecke grün. Es riecht nach frisch gemähtem Gras und Zitrone und auf jeden Fall so, wie es auf Hopfenfeldern und in den Erntescheunen im Spätsommer duftet. Ein schlankes Bier, aber doch mit so viel Malzkörper, dass die deutliche Bittere des Hopfens gut abgefedert wird und nichts kratzt und aneckt. Unbedingt im Herbst bunkern – naturgemäß nur saisonal verfügbar. Schmeckt frisch am besten!

Grünhopfen Pils · Pilsener, 5 % Vol. · Private Landbrauerei Schönram · Salzburger Straße 17 · 83367 Petting/Schönram · Tel. (0 86 86) 9 88 00 · www.brauerei-schoenram.de · info@brauerei-schoenram.de

Strahlt genau die Ruhe aus, die er seinen Bieren gönnt: Eric Toft

Lager (Helles, Export, …)

Im Englischen bezeichnet »Lager« die Gesamtheit aller unter-gärigen Biere, das Pilsener eingeschlossen. Sie werden bei kühlen Temperaturen vergoren, sind oft trockener und geradliniger als obergärige Biere. Der bayerische Prototyp des Lagers ist das Helle (süffiges, goldenes Bier mit Getreide-, Brot- und Honigaromen, gekrönt von einer moderaten Hopfenbittere – Hopfen und Malz sind dabei gut ausgewogen). Lagerbiere haben lange im Craft Bereich eine untergeordnete Rolle gespielt – doch das ändert sich. Der neu geschaffene Stil »Imperial Pale Lager (IPL)« (gestopftes Lager, quasi) ist noch ein Geheimtipp, aber im Kommen.

86

Das Helle – für Hardcore-Crafter und Normalos

Dass da keiner früher draufkam! Tilman Ludwig vereint in Das Helle *die warme, süße Brotigkeit eines herzhaften, bayerischen Hellen mit den wilden Blumen und der Zitrusfrucht gestopfter US-Craft-Biere. Manchmal braucht man so ein »normales« Bier – und wenn's dann noch so gut ist, um so besser!*

Die S-Bahn ist ein magischer Ort im Leben des Tilman Ludwig aus München. In der S-Bahn fing seine Karriere als Brauer an. Zufällig. Am 18. Mai 2005 bekommt Tilman von einem Freund eine zerknüllte Beilagenzeitschrift mit dem Titel »Bier« geschenkt. Ein verzweifelter Witz: Der Freund hatte sich ohne Geschenk auf den Weg zu Tilmans Geburtstagsparty gemacht und nahm auf die Schnelle mit, was in der S-Bahn rumlag. Bier? Super, trinkt der Til gern, Bombengeschenk! In diesem Stückchen S-Bahn-Müll liest Tilman Ludwig, dass man in Freising, nur eine kleine S-Bahn-Reise weit weg, Brauwesen studieren kann. Das findet er interessant. Ein paar Jahre später pendelt Tilman Ludwig jeden Tag mit der S-Bahn nach Weihenstephan. Mit dabei: Zwei Kommilitonen, Ian Pyle (heute bei Ratsherr – siehe Seite 67) und Richie Hodges (Berliner Berg – siehe Seite 10). Die drei nutzen ihren Weg zur Uni für »Fortbildung« und verkosten die unterschiedlichsten Biere. »Die beiden haben immer wieder amerikanische Biere mitgebracht, und mir quasi die Craft-Beer-Kultur nahegebracht. Kannte ich bis dato nicht«, sagt Tilman Ludwig. »Ich war auch so ein Depp, der dachte, amerikanisches Bier ist per se Mist!« So gut ihm hammerharte IPAs und DIPAs auch schmeckten, dazwischen wünschte Ludwig sich wieder ein »normales« Helles. »Sozusagen zum emotionslosen Reinkippen ohne große Geschmackserlebnisse.« So entsteht schon damals in seinem Kopf, die Idee, einen Mittelweg zu finden und ein »hopfenfröhliches Helles« zu brauen.

Das Helle ist das erste Bier, das Ludwig braut. Wem man es auch anbietet, ob Hardcore-Craftlern oder Normalo-Trinkern: Von diesem herzhaften Hellen, das mit amerikanischen Hopfen gestopft ist und damit eine betörende Fruchtnote bekommt, sind alle begeistert.

Das Helle · Helles, 5,1 % Vol. · Tilmans Biere · Dachauer Straße 114 · 80636 München · Tel. 01 57 78 93 74 77 · www.tilmansbiere.de · tilman.ludwig@tilmansbiere.de

Tilman Ludwig hat sich, offensichtlich, bayerisches Traditionsbier geschnappt (oben) – und braut es als Gypsy in der Privat-Brauerei Gut Forsting (unten) noch besser.

Braumeister Kolja Gigla bei der Arbeit in der Brauerei

Trainingslager – Hoch das Glas! Und eins und zwei …

Es ist noch kein Craft-Beer-Trink-Meister vom Himmel gefallen. Wie überall im Leben heißt es auch hier: Üben, üben, üben! Den perfekten Einstieg in die Craft-Welt haben Kolja Gigla und Alexander Herold von Mashsee mit ihrem Trainingslager *geliefert.*

Als Kolja Gigla und Alexander Herold im April 2014 ihr erstes Bier auf den Markt brachten, schmeckte das gar nicht, als würden sie das Brauen noch üben. Auch die Konsumenten, die übten 2014 in Sachen Craft Beer noch. Und da kam das *Trainingslager* gerade recht. Es holt den deutschen Noch-nicht-Craft-Trinker da ab, wo er ist: bei einem untergärigen Bier, einem Lager. Um die Malzauswahl hat sich Braumeister Gigla einen extragroßen Kopf gemacht (das *Trainingslager* ist dunkelorange), beim Maischen hat er gezeigt, dass er kein Hobbybrauer ist, sondern Bierbrauen studiert hat. Er hat das Ganze nämlich genau so gesteuert, dass ein paar mehr unvergärbare Zucker bleiben. Das macht das Bier voller und einen Hauch süßer. Dann wird das *Trainingslager* kaltgehopft. Sehr ungewöhnlich bei untergärigen Bieren. Dazu mit diesem Hopfen! Crystal. Nie gehört? »Crystal wird selten verwendet,« sagt Kolja Gigla, »aber ich finde den super, der bringt – wenn alles läuft, wie es soll – eine klare Mangonote mit.« Vorbild für das Mashsee *Trainingslager* war übrigens das *Pale Ale 31* von Firestone Walker aus den USA. »Ziel war es, ein untergäriges Bier zu entwickeln, das in allen Belangen einem Pale Ale sehr nahe steht. Nur mit dem Unterschied, dass es unter- und nicht obergärig sein sollte, um zu zeigen, dass auch die uns Deutschen bekannten traditionellen Bierstile ganz anders schmecken können, wenn man sie anders interpretiert.« Man könnte das Mashsee *Trainingslager* vielleicht so beschreiben: Wie ein normales Bier, aber besser. Geht ohne viel darüber nachzudenken rein und drei, vier Flaschen sind kein Problem. Ein Bier für dann, wenn man sagt: Für heute hatte ich genug krasses Zeug. Jetzt ein richtig gutes Bier, bitte.

Trainingslager · Imperial Pale Lager, 5,5 % Vol. · Mashsee Brauerei GmbH & Co. KG · Am Eisenwerk 17 · 30519 Hannover · Tel. (05 11) 37 02 29 74 · www.mashsee.de · info@mashsee.de

Prototyp –
Wie alles begann

Der Hamburger Oliver Wesseloh von der Kehrwieder Kreativbrauerei war einer der ersten Kreativbrauer Deutschlands und schuf mit seinem ersten Bier dann auch gleich das erste seiner Art: Der Protyp *war Deutschlands erstes kaltgehopftes Lagerbier.*

Die Wesselohs sind ganz schön rumgekommen. Zwei Jahre arbeitet Oliver Wesseloh als Braumeister auf den Cayman Islands, seine ältere Tochter lernt am Karibikstrand Laufen, am Wochenende geht der Brauer Hochseefischen. Er wird Engeneering & Sales Manager beim Anlagenbauer Ziemann, die Familie zieht nach Miami, Olli reist von Craft-Brauerei zu Craft-Brauerei quer durch die USA. Dann packt ihn die Sehnsucht nach dem Heimathafen. 2012 kehrt die Familie nach Hamburg zurück, den Plan für eine der ersten Craft-Beer-Brauereien Deutschlands im Handgepäck.

Das erste Bier, das Oliver Wesseloh braut, der den Begriff Craft Beer mit Vorsicht handhabt und lieber von Kreativbieren spricht, ist ein kaltgehopftes Lager. Sieben Wochen ruht es auf einem Bett aus Aromahopfen im Tank. Er nennt es ganz schlicht *Prototyp*, weil es nichts anderes ist, ein Prototyp der kreativen Biere. Außerdem: Ein extra-bizarrer Namen wie »Slumdog Surre-ALE« oder »Chuck Nuggles Bite« oder wie gaga auch immer US-Craft-Biere heißen, hätte seinerzeit, 2013, den deutschen Biertrinker überfordert. Dem musste man ja erst einmal behutsam die Augen öffnen und zeigen, dass Bier nicht immer wie das Laue aus dem Supermarkt schmecken muss. »Wir wollten einen Bierstil neu interpretieren und etwas Eigenes schaffen«, erklärt Wesseloh das Bier mit seinen typisch fruchtigen Hopfennoten, bei denen allerdings auch die selteneren harzigen Tannennadelnoten durchschimmern (schö-hön!). Wäre es nach drei Jahren erfolgreichem Marktbestehen an der Zeit, dem *Prototyp* einen »richtigen« Namen zu gönnen? »Nein. Der Name ist Programm – wir haben das Rezept nie verändert. Und als erstes kalt gehopftes Lager in Deutschland ist dieses Bier inzwischen wirklich zum Prototyp für einen neuen Bierstil geworden.«

Prototyp · Premium Lager, 5,9 % Vol. · Kehrwieder Kreativbrauerei · Sinstorfer Kirchweg 74–92 · 21077 Hamburg · Tel. (0 40) 47 19 07 47 · www.kreativbrauerei.de · braumeister@kreativbrauerei.de

Hinter jedem Craft-Brauer steht eine Frau, die den ganzen Quatsch mitmacht –
so wie bei den Wesselohs. Ihr erstes Bier war und ist der Prototyp.

Rauchbier

Das Rauchbier ist eine urfränkische Angelegenheit und tief im Herzen Bambergs verwurzelt. Dort nämlich sind die Brauereien Schlenkerla und Spezial beheimatet, die für ihre Rauchbiere weltberühmt sind. Die erste und eindeutigste Assoziation beim ersten Schluck Rauchbier wird immer sein: Schmeckt wie Schinken. Verantwortlich dafür ist das Rauchmalz, Malz also, das in der Darre über Holz geräuchert wurde. Das typische Rauchbier ist ein Märzen, also ein untergäriges, hellbraunes Bier mit 5–6 % Vol., das nach Tabak und Asche riecht, im Antrunk eher süß ist – und – wie erwähnt – ganz klar nach Schinken schmeckt.

89

Social Smoker –
Holy smokes!

Als Matthew Walthall, David Spengler und Thomas Crozier ihre Brauerei in Berlin-Wedding gründeten mit dem Vorhaben, den Deutschen zu zeigen, was in Sachen Biervielfalt möglich ist, gefiel das nicht jedem Stammtischbruder. Was wüssten die Amis schon von gutem Bier? Stellt sich heraus: Eine Menge! Mit dem *Social Smoker* (dt.: *Gelegenheitsraucher*) haben sie sich einen urdeutschen Stil geschnappt und neu interpretiert: Es ist ein Ale, mit obergäriger Hefe vergoren, nicht untergärig, wie das klassische, fränkische Rauchbier. Und es ist ordentlich rauchig! Für dieses Bier lohnt sich eine Reise in den Vagabund Taproom.

Fastmoker · Smoked Ale, 5,6 % Vol. · Vagabund Brauerei · Antwerpener Straße 3 · 13353 Berlin · Tel. (0 30) 52 66 76 68 · www.vagabundbrauerei.com · info@vagabundbrauerei.com

David Spengler und Matt Walthall, Vagabunden mit Bier

American Strong Ale

Diese Bezeichnung fasst eine ganze Menge untergäriger, dunkler und vor allem starker Biere (min. 7 % Vol., eher viel mehr) zusammen. Ausgangspunkt der Rezeptur können diverse Bierstile sein. American Strong Ales verbindet ein intensiver Geschmack, bei dem oft eine gewisse Malzigkeit überwiegt. Wobei dann auch wieder mindestens genauso oft eine ordentliche Hopfenbittere dagegen hält. Nie sind diese Biere dafür gedacht, literweise geschüttet zu werden und immer sollte ein bisschen Vorsicht mitschwingen. Ein möglicher Prototyp aus diesem Feld ist der Arrogant Bastard *von* Stone Brewing *in San Diego.*

Imperial Red –
Von allem, und viel davon

Man muss auch mal loslassen, über die Stränge schlagen, ordentlich auf die Kacke hauen vielleicht sogar auch. Fritz Wülfing macht das mit diesem wahnwitzigen Bier: »Das Imperial Red ist mein Favorit, weil von allem viel verwendet wird«, sagt der Bonner Brautodidakt. »Das macht am Ende ein rundes Bier, ist aber ziemlich unvernünftig. Der kräftige Malzkörper schluckt viel von den Hopfenaromen. Es entstehen dadurch neue Aromen, die Hopfengaben sich allerdings extrem. Ich nehme 30 Prozent mehr als beim IPA!« Bedenkt man, dass Hopfen die teuerste Bierzutat ist … – denken wir nicht dran. Trinken wir lieber ein famos malzsüßes, hopfenfruchtiges Bier.

Imperial Red · American Strong Ale, 9,2 % Vol. · Ale Mania · Alaunbachweg 10 · 53229 Bonn · www.ale-mania.de · ale-mania@t-online.de

»Gut Sud!« wünscht man sich unter Brauern. Fritz Wülfing hat hier eben so einen.

91

Insane Ale – Verrückt, aber verrückt gut

Die kompromisslose Botschaft dieses Bieres, so der Braumeister Holger Schmidt, sei nun mal: Du musst es nicht mögen, aber wenn du es magst, dann wirst du es lieben: Ausgeprägtes Hopfenaroma (sämtliche »C-hops« plus Amarillo und Simcoe), wirklich, so wie Hopfen in Rohform riecht, süßlicher Antrunk und kräftige, langanhaltende Bittere im Abgang. Die amerikanische Nachbarin der Schmidts brachte es bei einer Probesudverkostungsrunde auf ein paar Worte zusammen: »This is insane – but insanly good.« Und damit hatte das Starkbier seinen Namen. Schmidt empfiehlt es sehr zum Barbecue – oder als letztes Bier des Abends, das für die nötige Bettschwere sorgt.

Insane Ale · American Strong Ale, 8,2 % Vol. · Hops Brewing · 55768 Hoppstädten-Weiersbach · Tel. 01 73 21 03 76 4 · www.hops-brewing.com · info@hops-brewing.com

Prost, Vater! Prost Sohn! Holger Schmidt (Mitte) gründete Hops Brewing mit seinem Sohn Oliver und seinem Freund und Geschäftspartner Dietrich Freitag.

Golden Ale

Das Golden Ale ist eine relativ neue Entwicklung: Britische Brauer haben diesen Bierstil in den 1980ern auf den Merkt gebracht, um dem Trend zum »crisp lager«, den leichten, schlanken Industrielagerbieren, etwas entgegensetzen zu können. Es ist ein relativ leichtes, helles, obergäriges Bier (3,5–5,3 % Vol.) mit einer zarten, bisquitartigen Malznote. Dazu passen pfeffrige, scharfe Hopfensorten besonders gut. Eine gewisse Ähnlichkeit zum deutschen Kölsch ist nicht von der Hand zu weisen – und auch die Geschichte der Stile, die Alternative zum Pils sein zu wollen, klingt nach einer Verbindung.

Deetz – Schmeckt grün und nach Deetz

Vasja Golar hätte einer der besten Craft Brauer Sloweniens werden können – wenn ihm die Behörden nicht tonnenweise Steine in den Weg gelegt hätten. Also ging er nach Österreich und wurde einer der besten Craft-Brauer dort. Das beste Bevog-Einsteiger-Bier: Deetz. So geht »drinkability«!

Es sei wie Scrabble spielen, sagt Vasja Golar, nur im Kopf. Und krasser. Er schiebt in Gedanken Buchstaben zusammen bis sie ein Wort ergeben, bei dem er weiß: Genau! So heißt mein Bier. Dabei entstehen so wunderliche wie einprägsame Biernamen: *Tak* (Pale Ale), *Ond* (Smoked Porter) oder eben *Deetz*. »Deetz klingt doch nach einem Achtziger-Jahre-Skater in Berlin«, sagt Golar. Und das wiederum sei seine Assoziation bei diesem Bier: easy und gut gelaunt, aber auch ein bisschen rough, bisschen kratzig. Das muss so sein, Golden Ales sind nun mal bitter. Das Deetz kommt einem grasig, kräuterartig vor, ist leicht und supertrinkbar. Direkt so, aus der Büchse. Die, findet Brauerei-Gründer Golar, ist die beste Bierverpackung überhaupt. Kein Licht, wenig Luft – so bleiben gerade hopfenbetonte Biere länger frisch und so, wie der Brauer sie gewollt hat. Man meint ja oft, Bier frisch vom Hahn schmecke besser als aus der Flasche. Genau genommen ist so eine Dose ja nichts anderes als ein winziges Keg-Fass. »Wir haben viel in Equipment investiert, das hilft, die Qualität unserer Biere konstant zu halten«, sagt Golar und meint damit auch den halbe-Million-teuren Dosenfüller, den er sich für seine Brauerei im österreichischen Bad Radkersburg gegönnt hat. Dass Bevog ausgerechnet hier vor drei Jahren startete, ist übrigens den slowenischen Behörden auf der anderen Seite der Mur zu verdanken: eigentlich wollte Vasja Golar ja in seinem dortigen Heimatort eine Craft-Brauerei gründen, aber: Zu viel Bürokratie! Hier noch ein Gutachten, da eine Bewilligung, nun müssen Sie warten, Herr Golar … – irgendwann wurde ihm das zu doof, und er beschloss drei Kilometer weiter nach Norden zu gehen und seinen Plan dort umzusetzen. Hat reibungslos geklappt.

Deetz · Golden Ale, 4,8 % Vol. · Brauhaus Bevog · Gewerbepark B 9 · 8490 Bad Radkersburg · Österreich · Tel. (+43) 3 47 64 15 43· www.bevog.at · office@bevog.at

Vasja Golar, Gründer von Bevog, hat sich nicht nur die Bier-Rezepte ausgedacht, sondern verantwortet auch das außergewöhnliche Design.

Barley Wine

Der Name legt es nahe: Barley Wines haben etwas mit Wein zu tun. Sie sollten nämlich eine Alternative dazu darstellen, als sich das Verhältnis zwischen England und Frankreich im späten 18. Jahrhundert eintrübte und die Versorgung der Adelshäuser mit französischem Rotwein nicht mehr garantiert werden konnte. Also sprangen die Bierbrauer ein und machte extrem schwere, alkoholische Biere (8–12 % Vol.), die sie über Jahre in Holzfässern reifen ließen. Herauskommen sagenhaft komplexe Biere mit kaum Kohlensäure, dafür einem Geschmacksspektrum von Rumtopf über Dörrobst bis hin zu flüssigem Karamell – und manchmal auch Umami.

Sternhagel –
Kurz vorm Ende vom Lied

93

Nur so ein organisatorischer Hinweis von Simon Rossmann, Technischer Leiter bei Giesinger Bräu: Nach ein paar *Sternhagel* sollte man sich sicherheitshalber keine weiteren Termine vornehmen. Lieber noch ein bisschen Sternchen gucken (in echt oder im Kopf) und schnell ins Bett. Dass es gleich ein paar Sternhagel werden, ist durchaus wahrscheinlich, weil dieser Barley Wine schön malzig und nach Karamell und Rosinen schmeckt, aber nicht so wuchtig daher kommt wie andere. Der Körper ist eher medium, erschlägt einen nicht. Ein ziemlich tolles Bier, vor allem, wenn man weiß, dass Simon Rossman sich das Rezept dazu »irgendwann mal auf dem Weg zur Arbeit« ausgedacht hat.

Sternhagel · Barley Wine, 8,5 % Vol. · Giesinger Bräu · Martin-Luther-Straße 2 · 81539 München · Tel. (0 89) 65 11 49 1 1 · www.giesinger-braeu.de · info@giesinger-braeu.de

Pünktlich zur Starkbierzeit kommt dieses super-starke Bier wieder an den Hahn.

Kräuter- und Gewürz- biere

Nicht-Biere in Deutschland, wenn man so will. Denn nach dem Vorläufigen Biersteuergesetz von 1993, landläufig als »das Reinheitsgebot« bekannt, darf hierzulande nur Bier heißen, was aus den vier Zutaten, Wasser, Malz, Hefe und Hopfen, gebraut wird. Dabei haben Kräuter- und Gewürzbiere durchaus auch hier Tradition, Rosmarin, Kümmel oder Wacholder waren früher keine Seltenheit im Braukessel. Die meisten der modernen Gewürzbiere sind obergärig (ob das nun das Stout mit Chili ist oder die Berliner Weiße mit Holunderblüten). Idealerweise überdecken die Kräuternoten nicht den eigentlichen Biergeschmack.

Brauer und Sammler: Axel Kiesbye macht sich höchstselbst auf, um zu sammeln, was in seine Biere aus der Wildnis kommt.

Waldbier – Bier für die Generation Gin Tonic

In Österreich gibt es kein Reinheitsgebot – und das ist gut so! Brauer wie Axel Kiesbye können deshalb unbehelligt kuriose und hammertolle Biere brauen. Die Waldbier-Edition bringt jedes Jahr eine neue, unerwartete Zutat aus der Wildnis ins Glas.

Axel Kiesbye ist so etwas wie ein Bierquerdenker. Der Diplom-Brauingenieur aus Dortmund arbeitet als Technischer Leiter der Trumer Privatbrauerei in Obertrum bei Salzburg und gründete 2003 mit Kiesbye's BIERkulturHAUS eine Ausbildungsstätte für Diplom-Biersommeliers. Kiesbye versteht sich und seine Funktion dort als ein »Beziehungstherapeut für Bier«. Er hat diverse Bücher und Artikel über Bier geschrieben – vor allem aber ist Axel Kiesbye auch Craft-Brauer. Einer von der ganz experimentellen Sorte: Inspiriert von einer Schottlandreise, auf der er ein mit Pinienadeln aromatisiertes Bier getrunken hatte, schuf er 2011 das erste Bier aus Kiesbye's *Waldbier* Edition: Ein mit den Maitrieben der Hochgebirgstanne vergorenes Bier. Würzig und leicht, der perfekte Aperitif! Seitdem erdachte er jedes Jahr ein Bier, das er mit Zutaten aus der österreichischen Natur verfeinerte, es gab eine Lärchen-Edition, ein Bier mit Fichtenspitzen, eines mit Zirbenzapfen. Seit 2016 heißen die Biere nun nicht mehr nur *Waldbiere*, sondern *Biere aus der Wildnis*. Das gibt Kiesbye die Freiheit, Raffinessen auch außerhalb des Waldes zu sammeln. Für die 2016er-Edition stieg er selbst in die Berge, um Alpenwacholder zu pflücken. 15 Kilo junge Wacholderzweige kamen bereits im Sudhaus ins Bier, 5 Kilo Beeren dann nach der Hauptgärung und während

> ▶ »Am Liebsten zu einem feinen Essen oder wenn es etwas zu feiern gibt. Und da man ja auch kleine Erfolge feiern sollte – am besten täglich!« – Axel Kiesbye

der 90 Tage langen Reifezeit. Im Oktober 2016 holte Kiesbye schließlich ein rot-goldenes Bier aus dem Tank, das eine deutliche Gin-Duftnote hat . Ein bisschen erinnert das auch an Marzipan. Dank seiner Restsüße merkt man diesem Bier seine 7 % Alkohol kaum an.

Waldbier 2016: Wacholder · Kräuter-/Gewürzbier, 7,2 % Vol. ·
Axel Kiesbye · Sixtenstraße 3 · 5162 Obertrum · Österreich · Tel. (+43) 67 64 77 71 68 ·
www.bierkulturhaus.com · axel@bierkulturhaus.com

Winter Ale – für Vor- und Nachweihnachtszeit

Es geht das Gerücht, Schoko-Weihnachtsmänner, die vor Heilig Abend nicht verkauft sind, würden zu Schoko-Osterhasen eingeschmolzen. Wenn das auch mit Bier ginge! »Es war unmöglich unser *Christmas Ale* nach Weihnachten zu verkaufen«, erzählt der Schweizer Selfmadebrauer Raphaël Mettler, Brasserie Trois Dames. »Deshalb haben wir es in *Winter Ale* umbenannt.« Wobei: Das war natürlich nicht der ganze Trick. Statt wie zuvor die ganze Klaviatur der Weihnachtsgewürze zu bespielen (Anis, Nelken, Zimt usw.), setzt der Brauer nun auf Ingwer und eine ordentliche Ladung Citra-Hopfen (Zitrusaromen), die ein starkes Wit zu einem aufregenden Winterdrink machen.

Baltic Stout · Gewürzbier, 7 % Vol. · Brasserie Trois Dames · Rue de France 1 · 1450 Sainte-Croix VD · Schweiz · Tel. (+41) 2 44 54 43 76 · www.brasserie3dames.ch

Als Schweizer hat Brauer Raphaël Mettler nichts mit dem Reinheitsgebot am Hut. Zum Glück!

Original Pfefferkørner White – weichweißwohlig

Eigentlich machen wir völlig unterschiedliche Sachen. Aber hey, lass trotzdem mal was zusammen machen! So oder so ähnlich entstand die Idee des Brauers Sebastian Sauer und seiner Freunde, die ein Start-up namens Hennes' Finest gegründet hatten und Pfeffer aus Kambodscha importierten, ein Pfefferbier zu brauen. Mehrere Pfefferbiere: Ein Rotbier mit rotem Pfeffer, ein dunkles Stout mit schwarzem Pfeffer und ein Weizenbier mit weißem Pfeffer. Letzteres war ein ziemlicher Hammer, weich und pfefferfruchtig, ohne dabei scharf zu sein, und ging so in Serie. Das *Original Pfefferkørner White* ein fester Bestandteil des Freigeist Portfolios.

Original Pfefferkørner White · Gewürzbier, 5,3 % Vol. · Freigeist Bierkultur c/o Bierkompass · Diepenlinchener Str. 20 52224 Stolberg · Tel. (0 24 02) 75 38 0 · www.facebook.com/freigeistbierkultur · info@bierkompass.de

Manche behaupten, im Westen sei nicht viel los mit Craft-Beer. Stimmt aber nicht.

From Asia With Love – Nr. 376 süßsauer-scharf

Andreas Seufert hat drei Jahre in Asien gelebt und gearbeitet, ehe er in der Rhön eine kleine Brauerei eröffnete. Aus dem Fernen Osten stammt auch deren Name – und die Inspiration zu einem seiner wildesten Biere.

Was die kleine Craft-Brauerei in Oberelsbach mit Asien zu tun hat, erschließt sich auf den ersten Blick nicht. Dafür muss man die Geschichte von Andreas Seufert kennen: Nach seiner Braumeister-Ausbildung an der Doemens Akademie arbeitet er als Brauanlagen-Inbetriebnehmer in Vietnam, Südkorea und China. Einmal tourt er mit Freundin und Rucksack durch Laos. Sie hängen an einer Bushaltestelle und warten, dass vielleicht und irgendwann ein Bus kommt. Die Freundin liest dieses Schild: Pakse. So heißt der Ort. Klingt gut. Knackt und hört sich an wie Pax, Frieden. Plötzlich weiß Andreas Seufert, dass das einmal der Name seiner Brauerei wird. Deren Slogan hat er längst parat, ein Trinkspruch unter Doemensianern: »Drum lasst uns Schwerter zu Zapfhähnen schmieden, trinken für den Frieden.«

Ein paar Jahre später ist es soweit, zurück in seiner Heimat, der Rhön, eröffnet Andreas Seufert seine Brauerei. Er braut zwei Standardbiere, ein Vollbier und ein Weizen. Dazu macht er jeden Monat einen Sondersud. Ein superextrakalifragischbesonderes Bier. Alle vier Wochen ein anderes. Er nennt das seinen »Bierkalender«. Eines dieser Biere spaltet die Craft-Nation besonders: *From Asia With Love* ist ein Love-it-or-Hate-it-Bier. Die einen jubeln über Zirtronenfrische und Pfeffrigkeit, andere nörgeln, es schmecke »seifig«. Der Brauer selbst spricht von einer »vogelwilden Mischung aus Koriander, Orangenschale und Chili«. Damit fing die Idee nämlich an: Er beschloss ein extrastarkes Wit mit Chili zu brauen. »Aus meiner Erfahrung mit der asiatischen Küche wusste ich, dass dazu auch Szechuanpfeffer, Zitronengras und Ingwer passen. Solche Gewürzmischungen kommen in der Szechuanküche, die ich sehr schätze, gern vor.«

From Asia With Love · Kräuter- und Gewürzbier, 7,1 % Vol. · Pax Bräu e.K. · Andreas Seufert · Rathgebersraße 7 · 97656 Oberelsbach · Tel. (0 97 74) 7 43 90 03 · www.pax-braeu.de · probier@pax-braeu.de

So sieht fröhliche Überzeugung aus – und das Wissen, gutes Bier zu brauen.

Spezial-
biere

Bei Bierwettbewerben gibt es oft die Möglichkeit, Biere, die sich
vor lauter Kreativität keinem expliziten Bierstil zuweisen lassen,
in der Kategorie »Spezialbiere« ins Rennen zu schicken. Also nutzen auch wir diesen Begriff, un-fassbare Biere in diesen Führer
aufzunehmen. Es sind Biere, deren Re-
zepte man nicht einfach mal
schnell im Craft-Brauer-Forum
googlen kann. Bezeichnend
für alle sind Wagemut und
Einfallsreichtum der
Brauer, plus handwerkli-
ches Geschick und oft
auch die Geduld, einen
zweiten oder dritten Ver-
such zu wagen, bis das
außergewöhnliche Bier
so ist, wie der Brauer es
wollte.

Araka – Wasser, Malz, Hopfen & Datteln sowie Kürbis

98

Der Name legt es nahe: »*Araka* ist ein wildes Bier«, sagt Timo Thoennißen, Gründer von Straßenbräu. »Es zeichnet sich durch seine aktive Gärung aus.« Mit karamellisierten Kürbissen und Datteln hat die Hefe auch einiges zu tun. Dabei produziert sie ein saftiges Bananenaroma, der Kürbisgeschmack schlägt ebenfalls durch und macht das winterliche Bier weich und mild. Noch vor Eröffnung ihres Brewpubs im Dezember 2015 hatten Thoennißen und Braumeister Seba Pfister das Bier auf dem heimischen Herd entwickelt und die mutige Wahl für eines ihrer ersten Biere, in Deutschland zumal, getroffen. Wer's probieren will, muss nach Friedrichshain: *Araka* gibt es nicht in der Flasche.

Araka · Fruchtbier, 6,8 % Vol. · Straßenbräu · Neue Bahnhofstraße 30 · 10245 Berlin · Tel. (0 30) 55 52 75 50 · www.strassenbraeu.de · bier@strassenbraeu.de

Im Brewpub von Straßenbräu in Berlin-Friedrichshain

99

Frank & Frei –
Wein mit Bier, das rat' ich dir

Ob Bier auf Wein oder Wein auf Bier ist völlig Wurscht: Wein UND Bier ist das Thema! Man spricht da von Bier-Wein-Hybriden. In Deutschland hat Dominik Diefenbach, Oenologe vom Weingut am Stein in Würzburg, ein erstes Beispiel geschaffen: ein leichtes Lager mit Müller-Thurgau-Most vergoren.

Die Idee mag geeky klingen und so, als wäre das nur für den fortgeschrittenen Craft-Beer-Trinker. Dabei sind Bier-Wein-Hybriden oft erfrischend lockere Produkte, die gerade Noch-nicht-Crafter abholen. Oder Weintrinkern den Weg auf die Bierseite weisen. Gemacht werden sie wie Bier: Malz und Wasser erhitzen, Vorderwürze kochen, Hopfen dazu und ab in den Gärtank. Da passiert dann the magic: Der Brauer kippt Traubenmost dazu. Ordentlich viel. Im Fall vom *Superleichten Hellen* 20 Prozent.

Das Produkt nach Gär- und Lagerzeit sieht aus wie Normalo-Bier: gelb, hell, mit Schaum – es schmeckt aber anders: »Dir rollen Aprikosen über die Zunge und fette Tropenfrüchte verbiegen dir die Nasenflügel. Dazu spürst Du im Mund eine kühle, feine Säureader vom Most, die alles sommerlich leicht schwingen lässt«, sagt, nein, dichtet Dominik Diefenbach. Der Winzer kam auf einem avantgardistischen Weinfestival in Südafrika auf die Idee, Wein ins Bier zu kippen – und weil er mit Craft Bieren immer ein Problem hatte: »Viele sind so schwer, cremig und alkoholisch, das nimmt ihnen jede Trinkfreude, Saftigkeit und Frische.« Zurück in Deutschland suchte er nach Querdenkern, die ihm helfen, und fand die Jungs vom Albertshöfer Sternbräu sowie die Winzervereinigung Frank & Frei, die den Müller-Thurgau von seinem miesen Image befreit hat. Denn: »Müller-Thurgau ist eine der meist unterschätzten Rebsorten«, sagt Diefenbach. Und macht sich hervorragend im Bier! Der erste 1000-Liter-Sud war ritzblitz weg, bei der Weinlese 2016 legte Diefenbach mit einem Schwung frischem Most für die Neuauflage des *Superleichten Hellen* nach.

▶ **»Das Schöne ist, dass es für dieses Bier keinen Anlass geben muss. Frucht und Leichtigkeit erlaubt, es zu jeder Tages- und Nachtzeit reuelos zu trinken.« – Dominik Diefenbach**

Superleichtes Helles · Bier-Wein-Hybrid, 5,3 % Vol. · Frank & Frei M-TH · Plan 4 · 97286 Sommerhausen · Tel. (0 93 33) 90 46 20 · frank-und-frei.de · info@frank-und-frei.de

Der Winzer Dominik Diefenbach interessiert sich nicht nur für Wein, sondern auch für Craft Beer. Mit dem Superleichten Hellen bringt er beides zusammen.

Register

Impressum

Produktmanagement: Sonya Mayer
Redaktion, Umschlaggestaltung, Layout und Satz: textbildsinn, Lothar Reiserer
Korrektorat: Daniela Hansjakob
Repro: LUDWIG:media, Zell am See
Herstellung: Barbara Uhlig
Printed in Italy by Printer Trento S.r.l.

**Sind Sie mit diesem Titel zufrieden? Dann würden wir uns über Ihre
Weiterempfehlung freuen.**
Erzählen Sie es im Freundeskreis, berichten Sie Ihrem Buchhändler, oder bewerten
Sie bei Onlinekauf.
Und wenn Sie Kritik, Korrekturen, Aktualisierungen haben, freuen wir uns über Ihre
Nachricht an Christian Verlag, Postfach 40 02 09, D-80702 München
oder per E-Mail an lektorat@verlagshaus.de

Unser komplettes Programm finden Sie unter 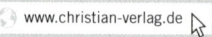 www.christian-verlag.de

Alle Angaben dieses Werkes wurden von der Autorin sorgfältig recherchiert und auf den aktuellen
Stand gebracht sowie vom Verlag geprüft. Für die Richtigkeit der Angaben kann jedoch keine Haftung
übernommen werden.

Umschlag: Alle Illustrationen des Umschlags stammen von Shutterstock. Das Hopfenhelden-Logo
stammt von Hopfenhelden. Das Autorenporträt stammt von Nina Anika Klotz, Hopfenhelden.
Alle Bilder des Innenteils stammen von den jeweiligen Brauereien, mit Ausnahme von: S. 9 (beide):
© Janosch Zepek; S. 11: © Florian Reischauer; S. 15 (oben), S. 84: © Conor Clark/BRLO; S. 15 (unten):
© Robert Felgentreu/BRLO; S. 29: www.maxthrelfallphoto.com; S. 42 (oben), S. 118 (oben): © Gerd
Kressl; S. 45, S. 146: © Braufactum; S. 48: © MarienPark Berlin; S. 53: © James Tutor; S. 58, S. 177:
© Giesinger Bräu/Johannes Mairhofer; S. 64, S. 126: © Patrick Albertini/www.patrickalbertini.com;
S. 66: © ThisIsJulia Photography/Julia Schwendner; S. 67, S. 97: © Henning Angerer; S. 69 (beide),
S. 72, S. 73: © Brauerei Schneider Weisse; S. 79: © Thomas Stockhausen; S. 83, 94, 132, S. 170–
171 (unten), S. 171 (oben), S. 175 (beide): © Nina Anika Klotz, Hopfenhelden; S. 115 (beide), S. 152,
S. 162: © Philipp von Ditfurth; S. 118 (unten): © Lisa Luginger; S. 125: © Regina Maria Suchy;
S. 139: © Stone Brewing Co.; S. 153: www.erikbohr-fotograf.com; S. 161 (oben): © Andreas Pollok;
S. 161 (unten): © Kalle Singer
Illustrationen S. 6–7, 16-17, 50, 52, 54–55, 60, 62, 70, 76–77, 92, 96, 100–101, 110–111, 124,
140, 150, 159, 166, 168, 172–173, 176, 178, 186: Shutterstock (www.shutterstock.com)

Die Deutsche Nationalbibliothek verzeichnet diese Publikation
in der Deutschen Nationalbibliografie; detaillierte bibliografische Daten
sind im Internet über http://dnb.d-nb.de abrufbar.

© 2017 Christian Verlag GmbH, München
Alle Rechte vorbehalten.
ISBN 978-3-95961-108-4